礼德道太极

解礼德 沈小栋 著

文匯出版社

图书在版编目(CIP)数据

礼德道太极 / 解礼德，沈小栋著. —上海：文汇出版社, 2020.8
ISBN 978-7-5496-3260-2

Ⅰ.①礼… Ⅱ.①解… ②沈 Ⅲ.①太极拳－基本知识 Ⅳ.①G852.11

中国版本图书馆CIP数据核字(2020)第127980号

礼德道太极

著　者／解礼德　沈小栋

责任编辑／甘　棠
封面装帧／薛　冰　陈柏荣

出版发行／文匯出版社
　　　　　上海市威海路755号
　　　　　（邮政编码200041）
经　销／全国新华书店
排　版／南京展望文化发展有限公司
印刷装订／上海颛辉印刷厂
版　次／2020年8月第1版
印　次／2020年8月第1次印刷
开　本／890×1240　1/32
字　数／172千字
印　张／6.5

ISBN 978-7-5496-3260-2
定　价／99.00元

解礼德与陈庆州大师夫妇合影

解礼德与少林寺原武僧总教头释德扬法师合影

解礼德及弟子何登田、陈榕与"中华奇人"武当传人陆国柱合影

解礼德、释德扬等与外国弟子合影

拉脱维亚武协主席与解礼德先生合影

解礼德与玻利维亚前外长、玻武协主席、古巴武协主席、南美少林禅协会主席等合影

解礼德受邀与玻利维亚前外长、玻武协主席到访上海报业集团出席第二届上海新闻界太极友谊赛

解礼德受邀与玻利维亚前外长、玻武协主席费尔南多到访新民晚报并与上海报业集团太极拳总教练邹国樑六段合影

解礼德与太极网创始人刘洪奇先生为太极网络视频大赛获奖选手颁奖

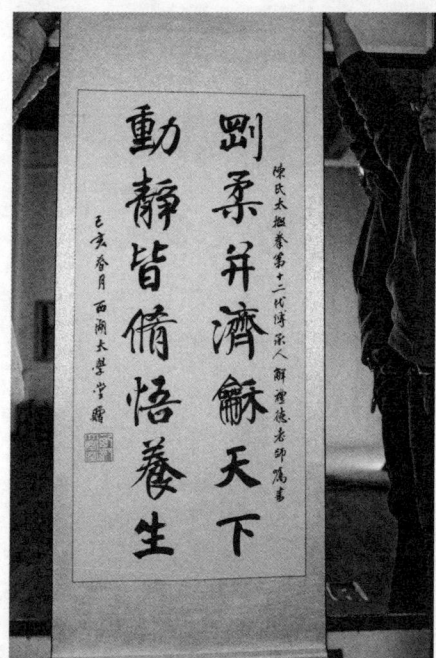

西湖大学堂向解礼德赠送卷轴留念

序

  我的传承人和弟子解礼德将自己学习太极的多年心得结集成《礼德道太极》出版,是一件令人喜悦的大事。能为此书做序,甚感欣慰。书名中,"礼德道"既介绍了著书立言之人,也阐释了太极的核心要义:礼是太极习武者必遵之行为规范,德乃太极习武者必守之品行,道则是太极习武者追求之最高境界,即大道无形,道法自然。

  欲长寿者,当以修炼太极拳内家功为上乘,渐而能由悟入道,得修其身、得养其性。

  练太极拳内功须以柔克刚,一言一行当以道家智慧为基础:首先要"上善若水",滋润万物而不争。以静制动,如水一般习天下之至柔,虽像云一样柔软空灵,却能水滴石穿!既要有真性情,也要有谦和、平和、圆融,能化刚为柔,则刚柔乃可相济。

  练太极者,气是核心,气有先天之气及后天之气。先天之气又称为元气,元气与中气、营气、卫气并称为四气。先天元气来自宇宙之中的能量。中气须由后天养气、吐纳而得。营气则来源于后天五谷杂粮及各种食物,可转化为卫气,而卫气则充实于体表,如门卫般阻止寒热诸邪入侵脏腑。

  养生者最主要的是达到阴阳平衡,气血畅通。气为血帅,血为气母，气行则血行，气血受阻则病生，因之养生须"养气"为主导：养气乃调息、吐纳。通过站桩、静坐冥想、导引，使身体的能量行经走络，让肢体柔化、脏腑运化、内气充盈，达到精足、气旺、肾固。

更进一步，则要让心与气合，气与力合，手、眼、身、法、步皆合一，才算真正提高身体素质。

健康需要身心协调，心灵健康、心灵平衡。不为七情六欲伤身，能把喜、怒、忧、思、悲、恐、惊；风、寒、暑、湿、燥、火置于度外。而长期修炼太极拳功夫，就能渐渐让心态平和、进而达到宠辱不惊，泰山崩于前而不乱之境，遇到逆境绝境，山重水复疑无路时，别寻蹊径、而致柳暗花明又一村。

无所不包乃太极之德。习武先须正身，以武德修炼身心。即使遇到对手，也须努力感化对方，化干戈为玉帛，用海纳百川的胸怀来对待他人，长养浩然之气。

所谓功夫，则是时间与汗水的结晶。愚今已走到了第89个春秋，从少年到两鬓披霜，练功寂寞与艰苦时，我总会用"红军不怕远征难"的精神鼓励自己，用"不到长城非好汉"的意志下定决心，以无畏之气修炼自身，以科学的态度创造极限，挑战自我。

如今我虽已89岁，依然可以两手各三指将盘坐的身体（80公斤）撑起悬空。此即武当养生内功的具体表现。借本书出版之机，我把我习得的武当太极禅功心法、武当明目功法、武当下部行功法一并放在本书中，留给武当弟子们和太极爱好者们作为纪念，特以此作序。

武当龙门张三丰悟性禅功25代传承人

陆国柱

2019年3月1日

前 言

与智者为伍　与善者同行

我们正处在一个外环境飞速变化的时代，即使如全球500强这样的强大企业，其破产、被兼并、企业规模大幅缩水的概率也极高。

相比这些超级大企业所掌握的资源，我们绝大多数个体一生所能掌控的资源显然微不足道。在外环境变动不居的时代如何怡然自处，正是当代人本须回答的关于生命质量的核心问题。

显然，"与智者为伍、与善者同行"才能让我们的漫漫人生路走得更从容。

中华文明历经5 000多年内忧外患，却从未中断，因为每遇艰难险阻，我们的民族总能诞生划时代的智者、仁者，他们在最困难的情况下悉心呵护前人开创的文化血脉，一次次让中华文明闯过漫漫长夜，一次次等到大地复苏，重又开枝散叶，泽被后人。

博大精深的太极文化同样如此，度过了春秋战国的诸侯割据、度过了焚书坑儒、度过了汉唐宋明的兴衰更替，在中原一座名不见经传的小村庄中被浓缩为一套拳法，让不识一字的村夫农妇也能担当中华文脉的传承者，其大智若愚、大巧若拙实在让后人高山仰止。

今天，在地球上的数百国度中，不识一个中国字的老外们可以轻松学习太极、改善体质，正是这种智慧之恩泽。而在哈佛等世界名校，无数教授专家们也正在对太极拳的医疗功效进行定量实验分析，因为这个时代需要它！它告诉人们，如何在变化中始终保持平衡；如何从身体的平衡中返照自身，让心灵也得到平衡。这正是西方文明在推动全球经济、科技狂飙时所大为忽视的。

今天，在北京、上海、香港等大都市，不少企业高管、白领正纷纷成为太极爱好者，成为孔子、周敦颐们的同道之人，成为戚继光、陈王廷们的接棒手。他们正从自身身体的改善中一点点恢复对中华文明的自信心。确实是恢复！虽然我们曾经一度不自信到连中国字都想放弃，但我们毕竟是华夏后裔，不仅中华民族曾经富强，更是因为中华文化饱经风雨、历久弥香。

不过学好太极，得到真实受用可不能得少为足，学几个招式就算成功了。正是因为太极文化在太极拳中被高度浓缩，要实现"解压缩"，我们依然需要"与智者为伍、与善者同行"。

"练太极拳，练的主要不是拳脚功夫，而是头脑中、心灵中的功夫。"这是"大侠"金庸对太极拳爱好者们的忠告。

头脑中、心灵中的功夫看不见、摸不着，谁又能知道太极大师们打拳时，头脑中真实状态下在关注什么，心灵又是什么状态呢？

这正是《礼德道太极》作者想通过这本小书为太极爱好者解答的一个问题。

《礼德道太极》一书收集整理了太极名家解礼德先生多年来在全国各地和赴美讲学时阐述的太极理念，公开了他50余年习拳的真实体会和经验，为太极爱好者搭建了一架可以循序渐进，步入太极内门功夫的梯子。解礼德先生的讲述刻意避免了故弄玄虚、将太极神秘化的倾向，而用大多数人能理解的力学原理、人体生理结构常识等来分析、解读太极拳搏击和养生的真实原理，言前人所讳言，道前人所未道。

解礼德先生是"中华奇人"陆国柱大师武当内家功法的正式传

承人，师承"太极隐侠"陈庆州大师系统学习陈式太极拳、还曾跟随武术名家铁国臣先生习练心意六合拳。近年来，他将武当内家养生功法和心意拳的搏击训练方法融入太极拳教学中，已经培养出一大批太极高手，先后在国际比赛和全国比赛中夺得百余枚金牌、银牌。相信本书的推出，可以让更多太极爱好者得到启发。

相比智慧的分享，心灵的共鸣更难用言语传递。多年来，解礼德先生一直在上海教拳。为了让更多太极爱好者真实受益，解礼德先生还在本书编写之初就明确表示要在书中公开三套武当秘传的内家养生功法，希望前人的智慧结晶能够让更多现代人得到健康和快乐。在此，我们也期待有更多太极爱好者能主动分享这些养生知识，让没有看到这本书的朋友、亲人也能体验到太极传统文化的真实功效，让他们面对这个飞速变化的世界时生活更自信、更坦然。

目 录

序...1
前言　与智者为伍　与善者同行..1

求 道 篇

第一章　静安小巷里的武术大师..3
第二章　隐侠陈庆州：神隐陈家沟的太极大师..13
第三章　"中华奇人"陆国柱..25

悟 道 篇

第四章　太极与力学...37
第五章　太极与搏击...49
第六章　太极与养生...69
第七章　太极与易经...85

修道篇

第八章　太极折叠劲训练：套路练习……101
第九章　太极丹田劲训练：太极球入门九式……113
第十章　太极缠丝劲训练：太极行功棒入门九式……127
第十一章　武当养生功法训练（上篇）：武当明目功……139
第十二章　武当养生功法训练（中篇）：
　　　　　武当太极养生法（站式与坐式）……157
第十三章　武当内家功法训练（下篇）：下部行功法……171

解礼德弟子历年获奖情况……178
后记……183
附录　陈式太极祖师传承谱系……185
　　　陈式太极第十二代传承人解礼德之弟子　陈式太极
　　　第十三代传承人名单……186
参考书目……189

第一章
静安小巷里的武术大师

民国武术名家,心意六合拳传人铁国臣

第一节 一场和同学的"切磋失败"让我意外踏进武学殿堂

我走上武学之路是因为一场失败的较量。

那年我11岁,是上海静安小学的一名小学生,生活在20世纪60年代初的孩子不像今天的孩子,一放学就有一大堆的作业、补习班要应付,而是有不少空闲时间可以自由支配,我自小喜爱武术,课余时间就跑到家附近的公园去学拳,也经常和同龄的小朋友切磋"武艺",因为长得人高马大,算是个"常胜将军"。

根据身形选拳

不过有一次和一位貌不惊人的同班同学"比武"时,我却意外"吃瘪",只要一近身,我就会莫名其妙被打倒,对方看起来并不费力的防守和攻击,却让我根本不知如何应对招架。输得心服口服。

较量完后,我好奇地问他,你是跟谁学的拳,怎么会这么厉害?他得意地告诉我,他拜了位弄堂里的老师傅学武术,所有新招式都是这位老师傅传授的。我赶紧问他是否可以介绍自己认识下这位神秘的老师傅,自己一直想学习真功夫,可惜还没遇到明师指点。那时懵懂的我根本不知道同学打的这套拳就是大名鼎鼎的十九路军抗击日本侵略军所用的近身格斗术。

隔了没几天,同学就把我带到百乐商场对面一家卖牛肉煎包和牛肉汤的小食堂,同学指着食堂里一位身材魁梧的长胡子老爷爷向我介绍道：这就是铁国臣师父，就是他教我这套拳的。我赶紧上前向老人家行礼，表达自己想学拳的诚意。老人家和蔼地看着我，点了点头，说了句"大个子，你是练武的料"。

很多年后我才知道这位在上海小巷里卖煎包的铁师父居然是民国时代就已名传武林的心意拳大师。他所教的功夫还曾帮抗日前线战士杀敌卫国。

第二节　根据身形选拳

20世纪60年代的上海连电话都是稀罕物，当然更没有能记录步数的智能手机，不过我那时却早早养成了"每天一万步"的生活习惯。

开始学拳时，铁国臣师父教我的第一套拳正是心意六合拳"十大形"，这是当年他执教部队教官，训练士兵用的近身格斗术。这套拳中又分别有龙、蛇、鹰、鹞、鸡、燕、虎、马、熊、猴十种格斗招式。不过铁师父并没有要求我每种招式都练。铁师父说："贪多嚼不烂，练武首先就要根据自己的身体条件去选择最合适的拳，这样才能真正练出来，大个子你人长手也长，比较适合练虎形、马形和蛇形。"

不过师父最初让我练习最多的却并非这三式，而是"十大形"鸡形中的"踩鸡步"。

铁国臣师父教拳非常严格，每天下午4∶00，都是我们这些半大孩子训练基本功的时段。为了练好我们的下盘功夫，铁师父严格要求我们每天练习"踩鸡步"不得少于一万步。师

练拳不练功，到老一场空

父会在场边用他那铿锵的河南周口方言时不时提醒我们："练拳不练功，到老一场空"、"步步不离刮地风、把把不离虎扑把"！（很多年后，我偶遇一位当年共同练武的师兄，他依然能用一脚普普通通的"踩鸡步"轻松震裂脚下的水泥板，让人惊叹中国武术这些"基本功"招式背后惊人的实战功效。）

20世纪60年代的上海冬天非常寒冷，我们每天踩鸡步，浑身上下都是汗，只能赤膊上身下穿短裤。或许正是在我们这些少年身上，铁老才能重温当年教十九路军士兵挥汗练功的场景吧。

第三节　三招内必须制敌

身经战火硝烟的铁国臣师父对武术格斗的理解容不下什么花架子，每一式都力求实用有效。他平时教拳时就对我强调："近身格斗，三招内必须制敌，如果你三招都还没把对方打趴下，就说明你根本没有获胜的把握，这时候就得赶紧找机会撤走，千万别和对方耗下去，否则轻者受伤，重者丢命。"

铁国臣师父教的拳也非常实战化。他教我蛇形时就强调，这招就是应对对方正面进攻用的，蛇有拨草之能，不管对方来拳来腿，你第一时间就需要发出改变对方攻击路线的蛇形手，把他的力导向错误的位置。（多年后，当我聆听陈庆州大师讲解太极云手如何引劲入空时，铁国臣老师在我少年时讲解蛇形手要领的话突然再次回响在我脑海。）

铁师父教我的第二招是马形，马有奔腾之功，这是拨开

三招内必须制敌

对方进攻后的抢身反击招式，特别强调逼入对方身体50厘米之内发出肘击，尤其是用身体的旋转、腾起或弯折之力把肘击的效果发挥到最大，敌人只要挨到一下肘击，都可能瞬时因疼痛失去后续攻击能力。

铁师父教我的最后攻击式则是虎形，也是十大形中最具攻击性的招式。战场之上，尽快扑倒对方往往是一击奏效的最快获胜招式，虎型就是用自己的身体前扑动作让对方身体重心瞬间失去平衡，一旦对方后仰倒地，其自身的体重就会让其受伤，也很难再像站立时那样迅速挪移位置，躲过后续的连续打击。而虎形的内在原理则与太极拳理非常相似，通过改变对方的重心，让其失去平衡，正是太极绝大多数招式设计的出发点。

铁国臣师父解放后已经极少出手，但一个偶然的机会，终于让我们这些弟子亲眼见识到铁师父在虎形上不凡的内功功力。

那次铁师父和平常一样在静安公园里给我们讲拳，几位外地来的武术爱好者忽然来拜访他，言谈甚欢时，其中一位武师突然提出想看看师父的虎蹲功，铁师父那天兴致很高，就当场答应下来，他走到静安公园的一张椅子前坐下，那是60年代公园里常见的绿色长椅，一根根粗实的铁条钉在三个铁架子上，平时即使人站在上面，铁条也不会变形。但铁师父一坐上去，稍一运功，那排铁条、铁架子就全都深深凹陷下去。众人不由惊讶得鼓起掌来。

第四节　师父，为什么我们打的拳不一样？

20世纪60年代的上海市民生活质朴而祥和，经历了长达数十年战火的这座城市终于迎来了解放后10多年的和平时光，得到休养生息的城市生活渐渐苏醒过来，上海的各个公园里也慢慢多了欢声笑语，武术爱好者们也成为上海各大公园的常客。

煎包店公私合营后，铁国臣师父衣食无忧，师父也就把更多精力放在我们这些弟子身上。铁国臣师父教我们习拳从不收费，那时候上海市民的肉食还是计划分配的,师父看我正在长身体的时候,生怕我练武后回家营养跟不上,常常偷偷塞给我他自己做的牛肉煎包,让我补充蛋白质。每个周日,铁师父则会带上我们几个徒弟,到中山公园、虹口公园、复兴公园等上海几个武术爱好者集聚的公园去,和于化龙、解兴邦等沪上武术名家们交流。一般是我们各自打一套拳,或者彼此切磋拳法,他们再对我们的动作要领掌握情况加以点评。老人们都没什么门户之见,特别是铁师父,常常告诫我们多看别人拳法中的长处,他一直强调多看别派的拳才能自己"长"拳。

看得多了,我这个半大孩子渐渐也看出些端倪来。有一天,我好奇地问铁老:"师父,我们打的都是一样的套路和招数,为什么每家的拳都不一样呢?"

"哦,那你看什么地方不一样?"铁老笑着反问我

"他们的拳看上去虎虎生风,特别有力量,而我们的拳松松柔柔的,只有一瞬间才发劲。"我忐忑地说。

"是啊!打仗时敌人有比你力气小的,也会有比你力气大的,如果碰上比你力气小的,你当然以力抗力就能战胜他,那万一你力气比他小,你还只会以力抗力,不就吃亏了吗?所以打拳就必须要学会以柔克刚!"

那天的对话,让少年的我对武术有了一种全新的认知,铁国臣师父为我打开一扇全新的武学之门,引导着我们这些孩子一点点寻觅武术内在的运行规律,去探索中华武术藏在动作细节背后的内在智慧。这也成为我后来多年不断探究学习陈式太极、武当内家功法的

"步步不离刮地风、把把不离虎扑把"

动力之源。

附一：武术名家铁国臣生平

铁国臣大师出身于武术世家，祖籍河南，自幼学艺、神力天生加练武刻苦，因而幼功不凡。除了家学外，还研习大、小红拳与十路查拳。后拜河南周口杨殿卿大师习武，杨大师在江湖上很有威望，当时人称"飞天狮子"，是周口三杰之一，"心意六合拳"的一代宗师。杨大师很少收徒，授业甚严，能够得到他真传的人很少，而铁国臣先生就是其中之一。

铁国臣先生不但得到了杨大师"心意六合拳十大形"的真传，此外还善使各类兵器。铁国臣大师身形魁伟、膂力惊人，天赋优异加上不懈努力，使他无论刀枪剑戟，都能得心应手。

学艺有成后，铁国臣大师暂别授业恩师，在而立之年只身闯荡上海，为人正派加之武艺超群，在那个动荡的年代，如浊世中之清流，他很快便在民间树立了威望。不久即被聘为部队武术教官。

此后国内局势更加艰困，铁国臣大师不满国民党当局的反动政策而适时隐退，在上海静安寺附近（今和平路18号）开了一家饮食店以供生活。铁国臣先生店里出售的牛肉煎包物美价廉，获得了附近人民的一致好评；一代大侠，归隐于市井之间，与民相亲相合，不仅是一段佳话，也是心意拳精神义理的体现。

直到上海解放以后，铁国臣先生才重新开门授徒，成为在上海精武会坐堂教学的武术大师。在此期间，他与少林宗师海灯法师、武术名家沙国政、陶子鸿等结下了深厚的情谊。闲暇时，铁国臣大师会在静安公园教习拳法，指导后辈；孙少甫、李虎成、李尊恩、王首光几位大师也经常到此处交流武术理念，并指导学生们如何正确地练习拳法。我也正是在那段时期得到了铁国臣大师的亲自点拨，至今觉得获益匪浅。

我们受教于铁大师的这些青少年，之后都成为了精武会成员；

虽然如今都年逾花甲，但传承武术的决心并未消歇，也是因为受到大师尚武精神感染的缘故。

附二：心意六合拳简介

心意六合拳，创立于明末清初，又称"心意拳"、"六合拳"，有着极为悠远的历史，是中国传统拳术之一。它倡导"由心生意，由意化拳"，意蕴精深而表现平实，更集搏击、健身、防身、养身的功用于一体，曾被视为中国武学和东方神秘文化的重要组成部分。

心意拳有"外三合"和"内三合"的要旨。"外三合"即肩与胯合、肘与膝合、手与足合，指练习者的身体各部分在运拳时需要充分配合；而"内三合"是指心与意合、意与气合、气与力合；即潜意识结合意念，意念控制气息，气息引导力量——诸多要素合为一体才能发挥威势。

讲到这里，我们很自然会联想到陈氏太极的要旨；事实上，中国的武学虽然源远流长、门派众多，但其义理本源有很多相似之处。这既是武学前辈总结经验得到的宝贵思想结晶，也有其符合科学理念的必然。

心意拳的十大形是模仿龙、虎、马、猴、鸡、鹞、燕、蛇、熊、鹰的动作并化用，故称"十大形"。狭义的六合拳还特指武学中"鸡腿"、"鹰捉"、"龙身"、"熊膀"、"虎抱头"、"雷声"这六式相合。我这里留存了一张铁国臣大师的珍贵照片，演绎了心意拳的精要。

附三：心意六合拳十二把锤

铁国臣大师的恩师杨殿卿大师，把心意六合拳十大形分为四把锤，又有上、中、下三节，共十二把锤。铁国臣大师得其真传，又将这十二把锤总结为：（1）横拳把，（2）桃领把，（3）鹰捉把，

（4）斩手炮；铁大师的十二把锤只传与了少数入门弟子，分别是：孙卫平、徐福根和我。铁大师的十二把锤迥异于如今社会上流传的心意拳只有二把半招式，自己有幸能得窥铁大师心意拳的全貌并研习之，师恩如山无以为报，唯有铭记五内、并将毕生的精力奉献于中国传统武学。

第二章

隐侠陈庆州：神隐陈家沟的太极大师

解礼德与陈庆州大师合影

20世纪80年代的深圳经济特区建设吸引了大批上海人南下，我也有幸被派往深圳，担任一家企业的副总。但灯红酒绿的商业应酬活动实在非我所好，业余时间我便以练拳打发时光。不过随着年龄渐长，我感到除了搏击外，自己还需要学点养生的功夫。

有一次，我回上海休假，朋友告诉我中山公园有个从陈家沟来的河南人练太极和我们不一样，可以前去看看。然后了解到，他练的是河南陈家沟的陈式太极拳。

入村找"师父"

坐火车到郑州，再坐大巴到温县，然后搭乘"面的"到陈家沟，一进村我就找到一家正在教拳的武馆，看着武馆里交手过招的热闹场面，我恭敬行了拳礼，表示了自己想学拳的心意。出于谨慎，我表示是否可以和武馆的师傅先过过招，让我了解下陈式太极拳的特点。对方也欣然同意，没想到的是，我和武馆的几位师傅先后过招，都获得小胜。对方马上警惕地问："你到底是来学拳的，还是来踢馆的？"看着马上要引起误会，我赶紧收手行礼，表示自己确实是诚心来陈家沟学拳，只是希望能找到位更好的师傅教拳。看我确实没有恶意，对方也谦虚地表示自己不适合教我这样比较有武术基础的学生。

走出这家武馆，我回到温县，看着街头穿梭的"面的"车，忽然灵机一动，想到，当地司机肯定更了解哪家拳馆里有真正的太极高手，自己与其瞎闯引起误会，不如先做点基础的调查功课，于是我先后叫了三辆"面的"车，每次都和司机闲聊时探问陈家沟里哪位师傅的水平最高，结果，三位司机都异口同声告诉我，"庆州师父功夫最好。"虽然我此前在上海、深圳从未听说过这位叫"陈庆州"的拳师名号，但直觉告诉我这位师傅很值得一探，于是，我

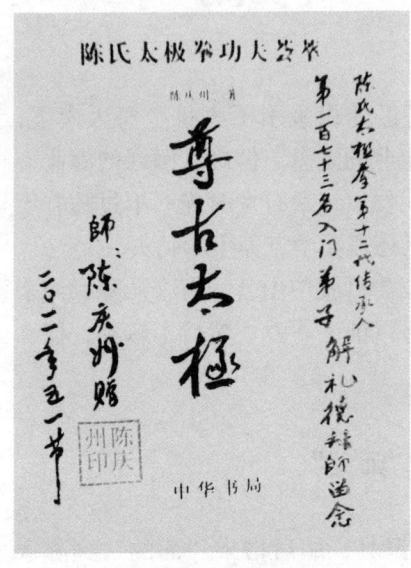

陈庆州大师赠书题词

决定请第三位司机开车直接把我送到那位"庆州师傅"的武馆去。

"庆州师傅"的武馆并不大,在徐吕村,我进门时,一位瘦瘦的老人正在接待两位外地的拳手,有了第一次"踢馆"教训,我没有贸然介绍自己来意,而是站在边上静静地看着。很快两位外地拳手就要求和老人推推手,老人也没有拒绝,很快两位拳手就失去重心摔了出去,连我这位练武多年的人也没看清老人是怎么发劲的,一切都显得很自然。跟着外地访客走出拳馆,我心头有莫名欣喜,就像当年在静安公园看铁国臣父打拳时的那种欣喜,我决定第二天再来"看拳"。

回到住宿的旅馆,我又从当地村民那里了解到,那位名叫"陈庆州"的拳师居然和当时在全国已经名声大噪的陈式太极"四大金刚"(陈正雷、陈小旺、朱天才、王西安)是同门师兄弟,都是陈照丕大师的弟子,而且跟着陈照丕大师学拳时,那位陈庆州师傅比"四大金刚"年龄都大,正是一个拳手理解力、领悟力最强的时段。联想到白天陈师傅与外地拳手过招的那一幕,我暗想,没有学到真功夫的人可做不出那么轻柔自然的动作来。

连着多日,我都会去"庆州武院",看着那位陈庆州师傅手把手教学员练拳,时不时会有访客上门讨教拳艺,老人家也时不时会与登门的拳师过过手,然后看到对方折服在老人的拳艺下离开,老人礼貌地相送,眼神里那么平淡谦和,没有一丝傲气。我终于感到,这正是我想找的师父。

沉是反弹力

于是我向单位请了假,到"庆州武院"正式参加练习,每天早上天蒙蒙亮时起床,在被露水打湿的黄土操场上习练陈式太极套路,三遍拳打完,有师兄会带着我们去吃早餐,早餐完毕,陈庆州大师就开始给我们每个人一一纠正拳架。特别是各人下盘的重心是否调整到位,上半身是否够松活,师父常说:"拳架失之毫厘,谬之千里。"并形象地表示"上面要像杨柳随风飘,下面要像草根抓实地!"

陈庆州师父教的陈式太极和如今市面上流行的陈式太极有一个很大的区别,他教的是尊古太极,以内劲丹田劲为主。庆州师父解释说,陈照丕大师当年就是这么教他的,这样练一方面是可以较快练出拳手的全身整劲,还可以代替枯燥的站桩,让拳手在太极套路练习中就达到站桩的实际效果,是"走桩"。

沉是反弹力

另一方面,也是为太极搏击打下良好的基础,丹田大幅度的自如起伏就是很好体会人体折叠劲的过程,有了这种自然的折叠劲,一旦遇"敌",就能通过身体的大起大落发出全身的"整劲",用全身的重量带动对方失去重心。

更重要的是,身体"沉"的过程就是积蓄大地反弹力的过程,平时蹲得深,抓地抓得实,就能借到更多的大地反弹之力,再通过折叠劲瞬时一起、一旋、一靠,就能把这股大地之力发到对方身上,借大地之力改变对方力的方向。

渐悟"懂劲"

我每天下午接受的则是推手训练，庆州武馆传授的推手和社会上较常见的定步推手也有很大不同，是古老的活步推手，明末清初时由陈氏太极第九世传人陈王廷根据戚继光《拳经》等所创。这种推手在进一步、退一步这简单的两步身法中糅入了掤、捋、挤、按、采、挒、肘、靠太极八法，也融入了沾、连、粘、随、腾、闪、折、空、摔、打、擒、拿等近身搏击招法，非常神奇实用，是检验一名太极拳手功夫高低的标尺。

陈庆州师父教我练太极推手时特别强调要"渐悟懂劲"，师父提醒我，虽然我学过心意六合拳，有了较强的擒拿格斗技巧，但只有进一步学会"听得懂"对方发劲的意图，才能及时在近身格斗中抢到"拿化"对方攻势的时机，"得势得机"把自己的优势更好发挥出来。

这种"听得懂"其实并非用耳朵听，而是在和对方推手时，通过身体接触训练自己提前感知对方细微用力变化的能力。平时训练时，先要把自己的骨节、肌肉放松下来，让自己全身上下没有"僵持力"，然后在对方发力进攻时就能及时随之辗转后移，不让对方有可乘之机，在对方发力收缩时能及时随之粘附前进，不给对方拉开距离的机会，渐渐练出一种能沾、连、粘、随的近身缠丝劲。

更进一步的"听得懂"则需要让自己的全身劲力达到瞬发的效果，陈庆州大师把这种瞬发效果归结为丹田劲。就是让自身对对方发力的条件反射不仅停留在自己手部和腿部肌肉的反应上，而是更进一步，让这种条件反射由丹田部位的旋转来启动，即直接用自己丹田部位（腰腹部）内旋劲带动全身运动，把全身的整合力量瞬间发送到对方的来力点处，把对方的来力改变方向，引劲入空。

一开始，我对师父说的这种"丹田劲"不是很明白，师父就让我用手按住他的丹田，奇特的事情发生了，当我把手用力按向他腹部时，师父的腹部瞬时出现复杂的旋转劲，无论我是从上往下发力还是从左右发力，都会瞬时被莫名导向让我身体失去重心的方向。

当然，要让自己的腹部做出如此复杂灵巧的螺旋运动本就很不容易，更何况这种螺旋运动还是在"听懂"对方发力后不用经过大脑思考的本能卸力打力反应，就更加难练了。好在师父传承了陈式太极的一整套训练丹田劲的功法，尤其是其中的"行功太极球"功法训练让我耳目一新。

这种功法至少在明代就被创设出来了，陈家沟太极博物馆至今保存着一只明代的"行功太极球"，直径26厘米，由玉石外包虎皮制成，重达30公斤！是我师父捐赠给博物馆的。当然，如今陈家沟弟子练功时不会用这么重的球，一般是选用10斤左右的实心皮球或木球来练。当用这样重量的球体依据功法围绕自己身体以18种方式旋转时，就能大致模拟出丹田劲的发力技巧和内旋模式，这比凭空想象对手攻击路径再找自己的应对模式要形象许多，丹田劲入门速度也会变快许多。

根据陈庆州师父的切身体会，每天演练10遍这种功法，一年后，如果练习者仰卧，不借助四肢的肌肉力量，仅靠丹田发力，就能将放在腹部重20克的石块弹出10厘米高！坚持练习10年，则能将30克重的石块弹出1米多高！可见其瞬时发劲的力度。有了这种瞬间反应能力和全身"整劲"发劲能力，近身格斗中自然不怕对方猝然发力进攻了。

练"丹田劲"的过程其实还有练习控制呼吸、按摩五脏等养生功能，这倒是我练习"懂劲"后的意外收获。遥想当年陈王廷宗师创拳时，本是从军旅生涯荣归颐养天年之人，其创设太极功夫时，居然能将搏击功夫和养生方法如此巧妙地融于一炉，实在太有创意了。

太极核心是化不是拳

"懂劲"是手段，目的则是听懂对方来拳之意后揣摩出对方擒拿的攻击点和使出化解对方擒拿的太极招式。陈庆州师父表示，这就是由"懂劲"走向"神明"的初级阶段。

陈庆州师父解释，陈式太极拳一大源头是明朝戚家军抗倭时创设的军队用拳，为对抗日本武士近身肉搏战所创，在当年冷兵器时代的战场上，敌人可不会站在远处等你起拳飞腿，因此，真正远距离（离身50厘米外）发劲出拳的招式在陈式太极中远少于少林拳等外家拳种，比如，在陈式老架一路的70多种招式中仅有掩手肱拳等寥寥几式出拳。更多的太极拳招式真正的用途是化解和擒拿，当"敌人"切入身体30厘米左右，普通招式已无法摆脱敌人纠缠时，能用丹田旋转劲瞬时在自己的肩、肘、腕上发出螺旋劲，再配合身体的上下折叠、旋转，化掉敌人的擒拿控制，甚至瞬时带偏敌人的身体重心，就能让对方失去后续进攻能力，为"打"创造有利条件。

陈庆洲师父在武林中最有口碑的也是他的"拿化"功夫，1994年他曾应美国国术总会邀请赴美讲课，先后在13家武馆与500多人现场切磋技艺，无一败绩，轰动全美。

为了教弟子熟练掌握"拿化"基本功，陈庆州师父要求我们除了套路熟练外，还要加练"太极行功棒"功夫。这是一种两头微弯的木制器械，只有18厘米长，形似澳洲飞镖。当双手握住"太极行功棒"两端时，无论哪只手先用力，另一只手就可以反向练习如何用丹田劲带动肩、肘、腕弹抖、缠截、引劲落空。和"行功太极球"一样，练习"行功太极棒"也同样需要熟悉18种不同的姿势，来模拟敌方控制你手腕和自己控制对方手腕的各种不同方式，达到学习擒拿、反擒拿的效果。

画圆的秘密

在陈家沟跟着陈庆州大师学拳，每天晚上是我最快乐的时光。吃过晚饭，就是庆州大师答疑的时间，学员们可以自由提问，庆州师父则会毫无保留地一一指点。

正是在这段宝贵的时间里,我用自己几十年和拳友过手的实际场景去模拟陈式太极拳招式的应对技巧,师父则一一帮我印证和纠偏,同时指出我所忽略的拿化要点,每天我都像少年习拳时那样,仿佛进入一个充满无数珍宝的藏宝楼,一段段充满智慧的身体动作组合就藏在庆州师父的脑海里,信手拈来,都让人茅塞顿开。

不知不觉间,我收集整理的陈式太极招式"力点"、"用法"居然达到了近3 000条的数目。而通过庆州师父的一一详解,隐藏在陈式太极简单套路背后最原始的搏击内涵也越来越明晰立体起来,我终于不再是雾里看花的门外汉了。

随着和师父推敲过手次数越来越多,我渐渐发现师父行拳时的一个特点,和平时在外面常见的陈式太极大开大阖的功架很不一样,师父的招式幅度往往都不大,却非常有效,往往一出手就截断了我的攻击路线。

当我好奇询问时,陈庆州师父就提醒我,仅仅了解陈式太极力点和用法是远远不够的,要达到真正的"神明"、"无招胜有招",其实就要从最初每招每式画大圆拿化对方来力,渐渐转变到贴身中圆就能拿化对方来力,然后由中圆到小圆直至极小圆,自身丹田劲的反应能力越强,越不怕对方近身,而对方招式用老时则最难以改变力的方向,此时出击,才能真正达到"知己知彼,百战百胜",方称得起"妙手"。这或许就是这位常居小村的隐侠成为武林常胜将军的真正秘诀吧。

附一:民国中央国术馆名誉教授照丕公小传

(摘自:《陈氏太极拳功夫荟萃》,中华书局,第217页。)

陈照丕(1892—1972),字绩甫,陈氏十八世,是近代陈氏太极拳史上一重要代表人物。少年从父学拳,后经叔祖延熙、品三二公和季叔发科指导,勤学苦练,拳艺高超。

1927年任教于温县国术馆。

1928年受聘到北京授拳，受同乡会推荐，应约到宣武楼立擂，以武会友，十七天未遇敌手，名声大震。时北平市政府、朝阳大学、中国大学等十七个单位慕艺延聘任教，陈氏太极拳之精奥始为人知。

1930年，应邀到南京市政府、全国民营联合会等处授拳，兼任中央国术馆名誉教授。1933年，任全国运动会国术裁判和第二届国术国考评判委员。南京沦陷后，他不愿在敌占区教拳，毅然返温，在抗日将领范廷兰部教授大刀。

1940年赴洛阳，在第一战区长官司令部、河南省教育厅、省直税务局等处教拳。

1942年，他应黄河水利委员会委员长张含英之邀去西安教拳。抗战胜利后，随黄委会迁回开封。

1948年参加革命。

1958年由黄委会退休返里，同年3月参加省武术赛，获太极拳第一名。经济困难时期，他目睹村中习武之风日衰，决心重振家传拳术，组织本村青年习武。

1963年应邀到温县县委、一中、城关小学传武育人。

至今活跃于中华武坛上的陈氏太极拳名人、中青年拳师大多是他的弟子和再传弟子。

他一生著述甚多，计有《陈氏太极拳汇宗》、《太极拳入门》、《陈氏太极拳图解》、《陈氏太极拳理论十三篇》等。他为陈氏太极拳的普及、推广、发展和重振，呕心沥血，真正做到了"鞠躬尽瘁、死而后已"，是近代太极拳史上承上启下、继往开来的一代宗师。

附二：隐侠陈庆州小传

（摘自：《陈氏太极拳功夫荟萃》，中华书局，第218页。）

陈庆州，中国河南省温县林召乡徐吕村人，祖籍陈家沟，出生于1934年5月。为陈氏太极拳第十九代传人。

自幼习练家传武术，1962年拜陈家沟十八代太极宗师陈照丕为师，潜心习艺，刻苦练功，身怀绝技，精于"走化"，曾有"隐士"之称。

1994年应美国国术总会邀请，在美国弟子金太阳的陪同下第一次访问美国。在访美的三个月中，应邀到13个武馆客座讲演18场，切磋技艺交手500多人次，均获成功。美国广播电台、国家电视台、《国际日报》、《世界日报》、《星岛日报》、《武术》杂志等新闻媒体都报道了他访美成功的事迹，被美国国术总会授予"武术博士"。

1995年，在美国协助金太阳成立了国际太极拳年会美国第一分会，并任总教练。

1997年应美国内功研究会邀请，第二次访问美国。应邀到旧金山、波士顿、圣地亚哥等地教练学员300多人，成立了国际太极拳年会美国陈庆州功夫研究会、任总教练。

1998年应韩国弟子朴健翰邀请，到汉城、大邱、庆州市讲学，先后成立两个国际太极拳年会下设分会，任总教练。在汉城太极拳协会常任顾问。

1999年应美国内功研究会邀请，第三次访问美国。曾到波士顿、佛罗里达州、德州、夏威夷、加州等地传播陈氏太极拳，学员400余人，受到克林顿总统助理、美国农业部长、美国国家安全部官员、世界武术联盟会会长等亲切接见，颁发证书和奖牌，被美国内功研究总会授太极拳"特级大师"。2001年第四次访美，培训太极拳教练二十多人。

曾发表过多篇太极拳论文，著有《陈氏太极拳行功太极球》一书。由他演示的陈氏太极拳功夫教学录像带由中国体育音像出版社和南京解放军工程兵学院电教中心联合出版，于1993年向国内外发行。

他为传播陈氏太极拳跋山涉水，踏遍了大半个中国，慕名而来学拳的有9个国家和地区的逾万名学员。由于教学成绩突出，被河南省体委授予"武林优秀人才输送奖"。

在他的积极协助下，国内十多个省市成立了国际太极拳年会下设分会。国内中央电视台、《人民日报》（海外版）、河南电视台、河南人民广播电台、《河南日报》、《羊城晚报》、《南京日报》、《郑州晚报》、《扬州日报》、《中华武林》、《中华武术》、《武魂》、《少林与太极》、《女友》等国内多家新闻媒体都连续报道了其突出的教拳事迹。

第三章

"中华奇人"陆国柱

解礼德看望陆国柱先生

20世纪八九十年代，上海曾出过一位武林奇人陆国柱，不少孩子都曾在电视上见识过他的神奇武功，他既能口吞宝剑，也能立身刀锋，还能用头发拉动飞机，一身奇功让当年的我曾心向往之，可惜那时的陆国柱大师经常出国访问，行踪不定，一直没有机缘结识。随着岁月流逝，这位奇人的身影也渐渐淡出人们的视线。不曾想，一次偶遇居然让我实现了青年时的习武梦。

不戴老花镜的耄耋老人

随着年龄逼近50岁，我习武时渐渐感到身体状况出现了较明显的变化。抬腿走步时身体有了滞重感，特别是视力出现了老化现象，看小字变得越来越吃力。我越来越感到养生的重要性。

2011年初春的一天，一位在上海陆家浜路开养生馆的友人邀请我去他那里坐坐，我欣然前往。到朋友养生馆时，主人正接待几位朋友，见我来了，便热情地向朋友介绍我，其中一位便发给我一张名片，上面还留了一行e-mail邮箱小字，因为看不清，我只能把名片拿远试试能不能读出来，但试了几次都看不清。这时候，坐在边上的一位老人家忽然说："你把名片拿给我，你拿支笔，我读给你听。"果然，老人家拿过名片，很轻松地就读出了那行小字。

我挺意外，就好奇地问："老先生，您今年贵庚啊？"

"我今年正好八十。"他微笑着说。

想想自己比人家年轻30多岁，居然视力还没这位老人家好，我好奇心起，追问道："您八十岁视力还这么好啊？"

"我平时练武当明目功的，不会老花眼。"他平静地回答。

这时候，养生馆主人见我和老人家聊得正欢，也热情地插话："解兄你还不认识陆大师吧，这位就是当年在上海江湾机场用头发拉飞机的陆国柱陆大师啊！"听说是当年叱咤风云的陆国柱大师，我不由肃然起敬。当下就和陆大师约定，改天专程到陆大师家去拜访讨教。

浦东农家小院传功

南市区（现已并入黄浦区）是上海的老城厢，陆大师的家就在老城厢一条不起眼的小弄内。小弄的墙上横七竖八拉着一根又一根的黑色电线，门前的"车库"大门紧锁，时不时有居民开门去推里面的电瓶车、自行车，发出铁索撞击铁门的哐哐声。

陆大师一个人住在一套简陋的南北通二居室里，最大的朝南主卧被他改造成练功房，一排钢刀醒目地树在地面上，乌黑的锋口向上。朝北的次卧则随意堆放着各种奖杯和荣誉证书。

见到我来看望他，老人家很高兴，他详细了解我过往的习武经历，听说我习练陈式太极，他也简单向我介绍了他自己年轻时得曾宝成老师传授少林金钟罩内功，又在武汉西湖公园邂逅武当奇人朱诚德道长，得传武当内家功法的传奇经历，并建议我习练太极后，应该更深入学习内家呼吸方法等，让自己的功力更进一层。

2011年夏天，我在上海南京东路鸿长兴正式拜师，陆国柱师父特地赠我一幅字"剑"。从此，每周两天，陆国柱师父都会带上我们几个师兄弟到上海浦东白龙港一间小二楼的农民老宅里传功。这是陆师父自己买下的，农家小院平时非常安静，站桩、坐禅时都不会有人来打扰，我们练功饿了就到对门的村小卖部里去吃一碗面，回来继续基本功训练。

师父传授的武术门类众多，既有少林内家硬功一脉的劈砖、飞刀、手撕铁盆、胸口开石板、走菜刀、龟息功等，也有武当内家一脉的养生明目功、武当太极十三式禅功、武当养生洗髓功等十多种功法，琳琅满目，让人叹为观止。像金钟罩、铁布衫这些过去只在武侠小说中才闻其名的神奇功法在浦东这座不起眼的农家小院里却时时能亲眼目睹，练功口诀也触手可及，让我不由暗自庆幸这份机缘实在难得。(不过当时我依然不知道这些功法的真正价值,多年后,一次我参加一个收费20万元的"高端养生班"时,才惊奇发现,那位台上讲课的"高人"向座下企业家们传授的功法就是陆大师曾传给我的诸多功法中的两式而已。)

好在一周两次的练功我几乎从不缺课,而练功大半年后,我的腹式呼吸已经可以保持1分半钟以上一吸的绵长吐纳,一度老花的双眼视力居然也神奇地恢复了,看小字再也不用拿远拿近,双腿则重新有了年轻时的轻灵感。特别是跟从陆大师重新学习武当内家呼吸法后,我感到自己对陈式太极的丹田劲也有了更深一层的体悟。

被指定为传承人

陆国柱师父不光教我们少林、武当的内家功法,也时时提醒我们保持正气和善心。他自己受邀演出的费用更常常一转手就成了他捐出的善款。

遵循师父的教导,这些年我一直利用业余时间在上海的社区、学校教拳,并成立了"礼太极运动与养生上海研究院",把师父传授的养生功法毫无保留地传授给愿意学习的弟子们。如今,我的不少弟子也像当年的我一样,受益于陆国柱师父传授的功法:有的弟子视力明显改善,有的弟子则病体得到明显恢复,更有弟子遭遇食物中毒危机时用陆国柱师父传授的功法神奇地躲过劫难。

如今,每年我们"礼太极研究院"举办年会时,我都会应弟子们的请求去邀请陆国柱师父出席。让他老人家看看,他多年来默默传承下来的中国武术如今已经给多少人带去了健康和快乐。

2017年12月16日,在"礼太极运动与养生上海研究院2017年会"上,陆国柱师父正式将武当龙门派传承人证书颁发给我,并赠我一幅"心"字书法,勉励我和礼太极师生用心练习太极,以"善心、爱心和助人之心"来为人处事。

附：陆国柱大师简历

拜师武当奇人朱诚德

陆国柱大师12岁时从崇明岛建设镇白阴村转学到上海市区上学，不久即拜上海德胜武馆馆长王效荣老师为师（王老师因曾在上海天蟾舞台打败俄国大力士享誉武林）。青年时，拜少林硬气功传人曾宝成老师学习金钟罩功夫。不久又在南京汤山寺拜禅宗无尘法师学习龟息功。此后，机缘巧合，他在武汉西湖公园得遇武当奇人朱诚德道长，被传以武当内家功法，此后陆师即埋头苦练内功。

改革开放后，上海不久迎来武术热潮。1981年3月28日，上海市武术传统表演赛在上海市体育宫拉开帷幕。全国武林高手云集上海展开激烈角逐。陆国柱以背卧碎玻璃千斤压腹轰动全场，力挫群雄荣获第一名。当时有多达十三位成年大汉立在压着陆国柱腹部的一块长跳板上，而陆国柱则从容鼓起丹田内功，一收一放，将跳板上下颠动。引来满场掌声。现场检测发现，其腹部内气放大时腰围可扩至97厘米，而收缩后则可缩至72厘米，远超常人。

口吞宝剑

1986年6月15日，陆国柱大师应邀出访日本。在日本东京"后乐园"剧场，在来自40多个国家的记者当场见证下，陆国柱大师现场表演将一把长44厘米、宽2.8厘米的宝剑从口中缓缓吞入腹中，只露出剑柄。神奇的中国功夫震惊全场，演出结束后，《朝日新闻》特地发出专刊进行报道，NTV电视台随即邀请陆国柱大师在电视台准备的X光机下再次表演吞剑，这一神奇的中国功夫随即轰动全东京。6月18日，东京电机大学邀请陆国柱做中国气功科学实验。电机大学法人代表、工学部电子工学科教授町好雄工学博士、日本治疗师协会会长、社会学博士周腾计雄观察及监察，陆国柱在精密仪器前发放气功外气时,现场仪器测出红外高标变化达1 500毫伏、电磁波标高达1.25高斯。次日,全日本电视台播放了陆国柱在日本电机大学所做实验的全过程,再次引发轰动。

1987年4月25日,陆国柱应邀赴新加坡,出席"新加坡中新气功群英会"。陆国柱表演的"口吞穿肠剑"、"钢针穿臂拉汽车"、"火功"等节目荣获金奖。新加坡《联合早报》评述:陆国柱的表演,其中华武功,可以记录到世界纪录大全。新加坡全国国术总会第二副主席、工委会主任陈珠成说:陆国柱表演的惊人绝技,促进了两国文化交流,罕见的武当一指倒立功,更证实了武当功夫刚柔相济的真谛。

武当养生功

1987年7月12日,香港亚视《我爱香港》直播陆国柱武当养生功夫二十式,17日,受香港国际自然疗能学会诚邀,陆国柱在港开班传授武当养生功夫,在结业欢送会上,陆国柱示范了百会穴行气:从身体肌肉表层,见到体内的内气沿人中、承浆、檀中、气海各穴位下行,冲脉上方则沿前三关、后三关即阴阳各三关的印堂、檀中、气海(阴三关)、百会、玉枕、夹脊(阳三关)行走。

1988年10月13日,上海市武术团应邀出访马来西亚10大城市进行巡回表演,由陆国柱领衔主演。此次巡回演出促进了中马两国之间的文化交流,并为筹建该国体育馆的基金做了义演。1988年11月9日的《沙捞越晚报》对当时陆国柱大师的表演进行了报道。马来西亚《星洲日报》更把陆国柱赞为像金庸笔下的令狐冲再世。

1991年12月8日,由上海市体委、福州市体委、福建南少林精英队联合组成的"中国神奇武术代表团"应新加坡美罗集团邀请赴新表演。陆国柱作为上海派出的选手在新加坡体育馆先后表演"刀山过海"、"银枪刺喉顶汽车"等功夫,赢得观众和新加坡《开心周刊》等当地媒体一致好评。

获基尼斯之最

1992年5月4日，应团中央邀请，上海大世界绝技名人团在北京人民大会堂参加共青团建团70周年和"五四"运动73周年庆祝联欢活动。陆国柱以名人团主演身份参与了在三楼大厅举行的《百行绝技》表演，他赤足走上由32把利刃菜刀组成的刀桥，一步步走过刀桥，在最后两把刀刃上立住不动，接过助演拿过来的一根带电发着绿光的日光灯管，放入口中，将这一根长46公分的日光灯管全部吞入腹中。场内随即响起似山洪暴发般的掌声。陆国柱也因此获得大世界基尼斯总部颁发的基尼斯之最证书。

头发拉飞机

1994年11月2日，在上海江湾机场四周，彩旗随风飘扬，天下第一擂台的巨大横幅广告牌格外引人注目。万余观众从四面八方赶到机场，欲一睹中华奇人陆国柱头发拉飞机的神奇表演。不多一会，空中飞来一架军用飞机，缓缓降落在机场跑道上。陆国柱快步走到场地中心，双手抱拳，向万余观众鞠躬致意。助理随即将一根长长的粗绳系到飞机机身上，另一端绑在陆国柱的发辫上。飞机飞行员介绍：这架飞机重4.5吨，不要说用头发去拉动它，就是请年轻有力的两个小伙子用手拉也拉不动。这陆国柱有什么神力呢？正当观众疑惑时，只见陆国柱一蹲马步，气沉丹田，大吼一声，一运神力，这架4.5吨重的军用飞机居然真的缓缓向前移动了！场内响起一片掌声。随着陆国柱的脚步，这架飞机足足被牵拉了10米远才停下来。成功了！这一天陆国柱第二次获颁上海大世界基尼斯总部的基尼斯之最证书。

央视《走近科学》栏目组X光验吞剑

2004年11月23日上午，正当陆国柱晨练结束时，家中的电话铃声响了。陆国柱接通电话，原来是中央电视台《走近科学》栏目的记者李瑛。他来电是看到上海媒体报道陆国柱吞剑表演，想询问陆国柱这一表演是真的呢还是魔术？陆国柱很爽快地答道："是真的。干嘛我要用假的去骗人？""那我们到上海来采访验证一下行吗？"2004年11月25日中央电视台《走近科学》栏目记者带着摄像师王红军来到陆国柱家，看了宝剑的长度、厚度、材质，确认宝剑是不锈钢做的，长44.4厘米、厚3毫米、宽21.5毫米，重2.5公斤。记者问陆国柱，能去医院在X光透视下表演吗？这样，医生也可以观察宝剑是如何从口腔进入食道及腹内的。陆国柱欣然同意。一行人随后来到同济医院，陆国柱在X光透视下成功地完成了口吞20把宝剑。上海同济医院杨振燕教授一边观察，一边作详细解释。宝剑是经陆国柱口腔进入食道，沿贲门、胃小弯、胃大弯下行，没有看到其他异象。杨振燕教授解释说："难度很大，因人体口腔、食道、胃小弯、胃大弯皆是狭隘部位，不易通过，但陆国柱吞剑全过程却畅通无阻，究其原因还待人体科研部门作为课题研究。"2005年1月29日央视《走近科学》专题播放陆国柱口吞20把宝剑的视频。

2014年10月17日晚，在丹江口市体育馆，84岁的陆国柱右足站在通电并发亮的普通灯泡上、左足赤足站在锋利的刀锋上，现场表演了口吞27把宝剑的绝艺。每把宝剑长44.5厘米、宽27毫米、厚4毫米。表演结束后，丹江口市市委宣传部副部长为陆国柱颁发"武当不老松"奖杯。并以诗赞之：三丰龙门悟性功，中华绝技风采神，奇人吞剑凌云志，丹江水清武当魂，养生逍遥八四翁，奋斗共圆中国梦。

2016年9月25日"西诺杯"中国台州第二届国际武术绝技大赛举行，在开幕式上，86岁的陆国柱又成功表演了口吞30把剑的绝技，获得了第九份上海大世界基尼斯之最证书。

（摘自《走过的影子　陆国柱从艺传记》
华夏国学出版社2017年8月第一次印刷）

第四章

太极与力学

解礼德向玻利维亚前外长、玻武协主席费尔南多赠送道字卷轴

太极的技击（搏击）是它的核心内容之一；虽然现代社会中人们的关注点逐渐从太极的搏击转向养生、表演等更符合现代社会价值观等要素上，但不得不说技击仍旧是太极的基础部分。

就个人长年习武的经验来说，我认为太极的技击是建立在呼吸吐纳、养身健体乃至对阴阳五行的深入理解之上的外在表现，而不宜割裂地单独地来理解。但为了使入门的读者能够对太极的搏击有一个深入浅出的了解，我们不妨从力学的角度来简单谈一下太极的技击。

太极的技击要讲求重心的稳定与平衡，即王宗岳大师在《太极拳论》中所说的"立身平准"。太极的初学者要了解到，太极的技击是攻守兼备的，只有重心稳定才能保持平衡，只有保持平衡才不会在搏击中失重，从而立于不败之地。太极不是静止的，在"立身平准"的同时，动作要"活似车轮"；正如力学中的平衡不是一种绝对的状态，在太极技击的过程中，随着对手的动作变化，我们的身形以及重心也会随势而动。为了随时随地化解对手的劲力，我们要非常深入地理解陈氏太极拳的基本动作与技法的要领。

虚 灵 顶 颈

虚灵顶颈，是指轻微向上提领颈项，以求其直。在练习时像头顶着一碗水那样晃荡，此称为"顶头悬"。练习时要求经常注意头部与人体重心大体保持垂直姿势，而不应有仰面、低头或侧歪。

做到"虚灵顶颈"，对初学者来说，是为了保持身体平衡的一个环节。在深入学习陈氏太极的要理之后，我们会进一步理解它的其他深意，比如，"意念"对"形体"的控制，由于太极和西方的

虚灵顶颈

搏击不同,是在肌肉保持相对松弛的情况下爆发力量,因而深入研习陈氏太极的人士,在搏击时不再单纯利用大脑对肌体的控制,而是通过意念的支配来引导肌体动作和发力程度,以致做到"身随意动,意在形先"(这里指的意念,即心理学所说的"潜意识",我们会在今后的章节中详细进行阐述)。

同时,头部也是人体平衡的总指挥部和平衡器官最集中的区域,保持虚灵顶颈,就可以使头部有左右、前后、上下移动的最大自由度,可以更好保护头部不被对方力量直接击中,即使击中,也能通过避让、旋转将敌力化解到最低程度。

此外,现代物理学告诉我们,力的作用大小不光与力量本身有关,更与"力距"大小有关,特别是涉及到转动时更是如此。人体是保持平衡还是失去平衡倒下,从力学上看,可以理解为人体围绕脚与地面支撑点的旋转运动。

正常的人体头部约有近5公斤的重量,而头部又是离开地面腿部支撑点最远的,旋转力臂最长。因此,只有当人体头部和身体重心、腿部支撑点处于一线时,翻转力矩才能为零,否则,一旦头部倾斜,立刻会产生一个较大的侧向翻转力矩,无形中就帮助对手更容易打破你的身体平衡。

稳定力矩和翻转力矩

对于支撑面边缘上一点A来说,重力G所形成的重力矩M

（G）=G×L（G），起维持物体平衡的稳定作用；外力F所形成的力矩：M（F）=F×L（F），使物体产生翻转趋势，起破坏物体平衡的作用。所以我们称前者为稳定力矩，称后者为翻转力矩。当$M_{翻}>M_{稳}$时，物体（或人体）就会绕支撑点翻转。

人两脚开立时，有横面和直面之分，直面方向受到外力而产生旋转时，可以近似地看作是绕一个支撑点的转动（一只脚）。在横面方向受外力产生旋转时，人体是两脚支撑，这时转动就是围绕一个轴（两支点连线）进行的，这时的稳定力矩中的力臂L为重心垂线到轴线的垂直距离。那么人体在不同方向上受力，所产生的稳定力矩是不同的，其原因是，在不同方向上，产生的力臂不同。无论人体采用什么样的立姿，受外力时总会有几个方向上产生的稳定力臂很小，在这些方向上保持平衡就较困难。关于体重G，人体在静止站立时，体重大则是维持平衡的重要因素，然而，双方都在运动的情况下，体重大并非就是绝对的有利因素。如$G_甲>G_乙$，而乙采用两脚前后站立，使他的直面对着甲的横面，这时两人相推，甲就不会再稳如泰山了，况且体重越大，运动时产生的惯性力就越大，改变运动状况就越不容易。[1]

气 沉 丹 田

"丹田"不是一个玄而又玄的虚无存在，它切切实实可以感受得到。比如，我们平时歌唱，发音前要深吸一口气，这一口气息到达的地方，就是丹田。我们歌唱时音准能否到位、吐字是否清晰、声音是不是嘹亮，都依赖于这个沉于丹田的气息。适时回忆一下，我们就会发现丹田的位置约在小腹。"气沉丹田"就是使气息尽量下沉于小腹，即所谓"腹式呼吸"。

---

[1] 乔熛、刘荣淦著.精功陈式太极拳.北京体育大学出版社，1990.10，第一版.P32—36.

气沉丹田

陈氏太极拳在练习中一般采取这种腹式逆呼吸法,要求整套动作都要与一呼一吸的吐纳运作紧密结合。根据动作的开合、屈伸、起放、进退、虚实等变化,自然地配合达到协调。合、需、蓄、收、化的动作要吸气,开、实、发、放、打的动作为呼气,这种呼吸与动作结合的要求,就完全合乎运动生涯的自然规律。

我之前提到不宜单独用物理解释太极的力的运用,而必须与气息相结合,就是这个道理。学会使用、活用气息,才能自然而然地运用太极的力量;如果运气的方法与力量的收放相背离,结果就是事倍功半,久而久之,甚至会影响身体机能和健康。

从力学角度观察,人体腹部是继头部之后第二个质量集中区域(胸腔主要是肺泡,质量较轻),人体运动时,这一部分产生的惯性也更大,只有当这一部分产生的重力更接近地面支撑点时,翻转力矩才会更小,也就更有利于人体自身的平衡了。

含 胸 拔 背

就是胸部微向内收,要求胸部既不前挺、又不过分后缩,处于自然放松状态,以利于呼吸深长与通畅,强化沉于丹田之气。从力学角度观察,胸部虚含,可以使上肢虚灵,也可使身体重心下降,自身翻转力矩变小。运用于技击中,为化劲手法的使用提供便利。

之前我们提到过,与西方的搏击理念不同,陈氏太极拳虽然同样讲求爆发力,但我们主张肌肉不要一直处于紧张状态,在练习或者进行技击运动时,要保持肌肉放松,从而更具有灵敏性,既有利于应对技击对手的动作而"化之",也有利于发力时力量集中、一击而中。因此,练习太极、保持"含胸拔背"的基础动作就显得极其必要了,它既是一种规仪,也是让太极练习者保持身体放松的方法论,同时也是我们开展技击、运化劲力的基础。

沉肩垂肘

沉肩垂肘,是使两肩自然下垂,坠肘加强沉肩,以保持胸廓放松,便于气向下沉。陈氏太极主张两肩骨节有微微向前合之意,即肩关节放松,自然下沉,使肩部有较大的活动范围,灵活而又劲力充沛。肘关节自然下垂,使手臂保持自然弧形,利于保护肘部。关于肘与肋的关系,讲究"肘不贴肋",能使肘部有回旋的余地,在技击时能及时有效地利用肘部进行进击或应对;力求"肘不离肋",则便于在进行技击运动时更好地保护人身体上较薄弱的部位。

以生活中比较常见的事物举例,便于使我们的初学者更好地理解"沉肩垂肘"的动作。我们可以回想一下,平时开车时、或者烹饪时肩部肘部的动作,怎样最自然?有丰富经验的司机和惯于烹饪的朋友,肯定马上就会想到,是肩肘自然下垂,而肘部和肋部保

沉肩坠肘

持适当的小距离。对了！这就是我们说的沉肩垂肘。有了这样的理解，平常再运用于太极的学习中，也就不觉得生硬而是非常自然的了。

屈 膝 松 胯

屈膝松胯

两膝保持一定的弯曲，不仅可降低重心并可使移步轻灵。大腿略有外展之意，开胯圆裆，大腿根向两边撑开、放松。从物理学角度讲，重心两端承受的重量相等即平衡；将人体的重心下移，有利于保持运动中的平衡；尤其对初学者来说，习惯屈膝松胯的基本动作并自然运用，是进一步学习太极功夫的基础；对讲究化劲的太极来说，保持身体平衡和动作轻灵是基础，掌握这个基础才能在技击运动时化用对手的劲力。

从力学角度观察，屈膝松胯带来的最大好处就是人体稳度的增大。"任何物体（人体）的稳度，与其重心高低成反比，与其支撑面和稳定角的大小成正比。"[1]

并且，做好屈膝松胯的基本动作，有助于做到"气沉丹田"。如果腿部肌肉紧张，动作僵硬，那么呼吸吐纳难以到位，气息

---

[1] 乔熛、刘荣淦著.精功陈式太极拳.北京体育学院出版社，1990年10月第一版.P26.

沉不到小腹间丹田的位置，运动时就不免"气短"了。太极功夫的要理就蕴涵在这些基本动作中，初学者可以一边练习、一边领会。

稳定角

所谓稳定角，是指物体在处于下支撑状态的前提下，重力作用线和重心到支撑面边缘连线所构成的夹角。稳定角与重心的高低和支撑面的大小之间存在着密切的关系。重心越低，支撑面越大，则稳定角相应就越大。可见稳定角是一个概括反映重心高低和支撑面大小的综合指标。对于人体来说，它与双脚开立的姿势有关，双脚左右开立幅度越大，则重心越低，支撑面越大，稳定角的值也就越大。

人体并不等同于一般的物体，而是一个复杂的、由多关节、多肌肉所组成的杠杆系统。人可以通过神经中枢的控制和调节，使自己的肌肉群协同收缩和舒张，从而使多个关节在一定范围内屈伸、收展和旋转，来改变自身的重心位置和支撑面积。但关节将趋近活动极限，肌肉被动拉长后，不利于肌肉收缩发力，影响了关节活动的灵活程度。因此，不可一味去增大双脚开立幅度来降低重心、增大支撑面。应以松沉来降低重心，以圆活来转换动作，维持身体相对的平衡。

人在单脚支撑时，其支撑面很小，诸多方向上的稳定角都很小，处于极不平衡状态。显然，处于单脚支撑时是对方攻击的最好时机，那么，也须注意，在攻击对方之时，也要顾及到自己步法转换时的稳定，在进退步时要"迈步如猫行"，脚不可抬得过高，并且以实步送虚步，降低重心，才不致顾此失彼。[1]

---

1 乔熛、刘荣淦著.精功陈式太极拳.北京体育学院出版社1990年10月第一版.P26—P32.

心、意、气、力紧密结合

陈氏太极拳是讲究心、意、气、力紧密结合的，劲力与呼吸必须是协调一致的。实现"心到、意到、气到、力到"，这是陈氏太极的特点之一。

我们首先要理解，太极的义理之要在于平衡。不仅仅是练习或技击时身体各部位的平衡，更重要的是内部与外在，气息与动作，意念与力量等等都保持一个平衡的状态，即"心、意、气、力"紧密结合，这需要长时间的锻炼和调养才能做到。但初学者入门的时候，就要有意识地培养自己的习惯：先从规范做好程式化动作开始，再练习呼吸吐纳以及导引方法，再练习意念与劲力的收放协调之功，最后才能够以精神统领肌体、心神、意念、气息、力量达到平衡的境界。

在这里有必要提一下"心"与"意"的区别，就现代惯用的语汇来说，"意"即意识，是人自主的、具体可知的想法；"心"即潜意识，它先于"意"出现，虽然难以捉摸、但是可以用规仪动作、吐纳呼吸加以引导为己用。古语说，"心猿意马"，心猿不定、意马奔驰，难以掌控。练习太极，有非常重要的一环，就是"练意调心"，使得动荡不定的意识与潜意识达到平静与平衡，摒除消极的意念、减少无用的刺激，不但有助于技击时

不以强力胜、不以快妄为，而是以平衡之术引导肌体，以应、化之法击退强敌

精力集中，更有益于养身健体，在以后的章节中，我们会着重讲到。

刚柔相济、内外合一

"柔"字讲的是不僵不硬的意思，绝不是只用毫末之力。"合"字讲的是肢体的收缩和气之吐纳。陈氏太极拳讲"发令者在心，传令者在手，观色者在目；与心、手、眼三到之说，缺一不可。"总而言之，心、意、气、力相互协调成为内在的合一；手、眼、身、法、步相互协调即为外部的合一。在此基础上，内部与外部的协调则是内外合一。陈氏太极拳对内外合一的要求是极为严格的：只有做到内外合一，才能达到以潜意识操控肌体，从而在技击运动中达到取胜的目的；也只有做到内外合一，才能构建起太极功夫吐纳导引、养身健体的基础。

快慢相同

陈氏太极的动作有快有慢。陈氏太极拳讲究："动急则急应，动慢则缓随"。又讲求："彼不动己不动；彼微动己先动"。这是快慢相同的理论依据。

这一理论依据对应的就是技击运动，运用得当、即可以四两之手拨千钧之力。王宗岳大师的《太极拳论》中指出"有力打无力，手慢让手快，是旨先天自然之能，非关学力而有为也"，这是对影视"江湖"中所谓"天下武功、唯快不破"的驳斥。如果"唯快不破"，那么短跑运动员肯定是武功最好的人群，然而事实显然并非如此。

太极拳法讲究"应"与"化"，应、不是以硬力相搏，而是适度适时的格挡，为"化"做准备。"化"，不是以弱相让，而是在保持平衡的同时以全身劲力进击对方弱点软肋，使之力不能使、力不能继；可以说，太极运用于技击中，则"化"是最有效、最稳健的攻击。当然，这需要意念、呼吸、身形、力量完全协调一致、融会贯通，才能始终克敌制胜。

以上我们详细讲解了八条，既是陈氏太极拳的基本技法，也是陈氏太极开展技击运动的力学基础。"四两拨千斤、耄耋能御众"，不以强力胜、不以快妄为，而是以平衡之术引导肌体，以应、化之法击退强敌，这就是陈氏太极拳法的力学要旨。

在领会这一要旨的基础上，我们可以进一步理解陈氏太极拳法的擒拿术，以及调理气息的吐纳导引术，还有比较深奥的哲学层面的易经理念——这些在以后的章节中会一一阐述。

第五章

太极与搏击

解礼德向玻利维亚国家武术队主力选手伊万传授太极搏击技巧

今天风靡全球的搏击运动是拳击、空手道、跆拳道等，虎虎生风的铁拳和凌空飞踹充满了力量和视觉美感，相比之下，动作柔和的太极拳似乎和公众心目中的搏击相去甚远。不过公众在观看拳击等搏击运动时不知是否注意到一种现象没有，那就是当双方激烈搏斗时，往往会彼此紧紧抱成一团，而此时，比赛就变得无法进行下去，需要裁判员强行将双方分开，才能继续。而在真实世界中，紧紧抱成一团其实才是搏击中最常见的现象，但现实世界不会突然跑出一个裁判来把双方分开，在这样的超近距离甚至是零距离下，许多漂亮、刚猛的搏击招数其实是无效的，而在太极拳中，却留下了不少预防、应对此类情况的擒拿、化解手段，这也正是柔柔的太极拳之所以被称为拳的奥秘所在。

武学史研究早已发现，陈式太极拳与明代戚继光戚家军士兵操演的《拳经》有十分密切的关系。当年的戚家军在与倭寇的长期血战中积累了丰富的战场肉搏经验教训，戚继光在此基础上从民间十六家拳法中抽取出三十二个能有效应对近身肉搏战的招数，在军中普及，有效提高了普通士兵的战场生存能力。而明末清初陈王廷在祖传拳艺基础上创编太极拳时，就大量借鉴吸收了戚继光的《拳经》三十二势。将其中多达二十九势动作（如懒扎衣、单鞭、雀地龙、金鸡独立等）转化为太极招势。因此，当今的太极爱好者如果仔细体味陈式太极招势，依然可以发现，在这些貌似简单的动作中，其实隐含着相当数量的近身搏击攻防技巧。

得 机 得 势

要解读太极的搏击密码，首先要找到一把有效的钥匙，这把钥匙其实就是对"势"的理解。

太极起势一　　　　　　　　　　　　　太极起势二

太极拳的众多学说、拳论都离不开阐释"势"，我师父陈庆州大师也经常和我讲4个字："得机得势"。如何理解这个"得势"呢？

现代汉语中的"势"有力量的趋向、形势、时机等多种抽象含义，在武学中，"势"究竟具体指的是什么呢？

现代人有较多坐电梯的机会，而心理学家早已发现，一个人坐电梯时，往往站立位置很随意，而当两个陌生人进入同一部电梯时，却常会选择站在电梯斜向的两角位置，当三、四个陌生人进入同一部电梯时，则会选择各自占据电梯四个角的一个角。

之所以出现这种有趣的下意识行为，是因为人类有着"安全距离"这种自我保护本能，现代心理学研究发现，"安全距离"约为50厘米左右，一旦陌生人之间的距离短于这一距离，人们往往会立刻紧张和焦虑。而这一距离其实正是人体四肢可以瞬时有效发力的最佳距离，无论是击中对方的要害部位还是擒拿控制对方，都不需要再调整重心或移动步伐。反之，在这一距离内，你也同样容易被对方击中、控制或失去重心、倒地不起。因此，从武学角度看，50厘米其实就是贴身肉搏"势"的起点，谁首先抢到了这个发力距离，有效缩短了这一距离，谁就"得势"！

关于"得势"在搏击中的重要性，陈式太极拳第八代传人、著名太极理论家陈鑫在《争走要诀》中表述得很清楚：

> 两人交手，各怀争胜之心。彼此挤到十分九厘地位，只余一厘，分胜负全在此一厘地位。彼先占据，我即失败；我先占据，彼亦失败。盖得势不得势全系于此，此两人俱到山穷水尽也。……势得则手一前送，破竹不难矣！

"四两拨千斤"一向是武术界对太极拳高手的赞誉之辞，而太极理论家李亦畬先生（1832年9月—1892年11月）则在《走架打手行工要言》中明确表述了"四两拨千斤"和"得势"的关系：

> 昔人云："能引进落空，能四两拨千斤，不能引进落空，不能四两拨千斤"，语甚概括，初学未由领悟，予加数语以解之，俾有志斯技者，得所从入，庶日进有功矣。欲要引进落空，四两拨千斤，先要知己知彼。欲要知己知彼，先要舍己从人。欲要舍己从人，先要得机得势。

阳势和阴势

中国武当拳法研究会顾问祝大彤先生在《技击训练》中阐述道：太极拳的奥妙就是一阴一阳两个势子。

确实，我们要深入理解太极搏击的奥妙，就需要把太极招式细分为"阳势"和"阴势"去分析，这样才能更准确把握太极技击的"体"和"用"。

王宗岳在《太极拳论》中开宗明义表述道："太极者，无极而生，动静之机，阴阳之母也。"

可见，太极内劲一旦寻机发动外用，首先是形成阴势和阳势两个用途。

所谓阴势，就是守势，即阻止、规避对手抢占50厘米范围内的有效发力点，防止被对方控制身体，并保护自己的身体平衡、化解对方"得势"。

所谓阳势，则是主动进攻"抢势"的招数变化，目的在于主动抢占双方50厘米距离内的最佳发力点，破坏对方的身体平衡或控制对方的身体移动，为下一步攻击创造有利条件。

起势中的阴势和阳势

陈式太极的起势动作表面上看起来非常简单，先是手心朝下，中指领劲，两手慢慢上升与肩平，然后在吸气后沉肘松肩，两手随身体下降，同时松胯屈膝下蹲。

其实，这样简单的一组身体动作中就隐含了对"势"的激烈争夺。

在近身格斗中，手部的运动最灵活，可以给对方造成的威胁也最大，因此，对方往往首先考虑的是正面控制你的手部。

当你第一时间失势，被对方首先正面控制住双手时，则很容易在对方撕扯推拉时失去重心。此时，第一时间是让自己守住"阴势"。如果此时把手按照本能向自己身体处回拉，虽然貌似有效，其实却是失势的错误应对，因为对方必定身体下蹲加大向外、向下拉的力，更容易使你的身体失去重心。

陈式太极的应对方法则是反其道而行，先"舍己从人"，让自己的手臂随对方的抓力自然向外，然后则顺势将这股向外的力导向上方，随着双手位置的上升，对方与你的身体距离会自动变远，逼迫对方身体重心后移、上移。同时，等到手臂与肩部相齐时，对方如果还紧紧握住你的双手，则其往外拉的发力角度已经和自身的身体彼此垂直，最多只能用到肩背肌群，而更重要的腰部肌群、腿部肌群此时都因角度问题已无法继续提供助力。此时攻防的先手其实已经易手。太极起势也从"阴势"向"阳势"转变，真正的正面力量交锋即将开始。

随着你紧接着的屈膝下蹲带动两手下降，对方的肩背肌群就会直接面对你腿部肌群、腰部肌群、肩背部肌群的整体斜向下拉力的攻击，一旦对方力量不足，则对方身体就会以两脚为轴向前倾斜，只要你拉动对方的身体让其重心超过脚面，对方就会瞬间失去身体平衡。使你"得势"，而如果对方松手，则其第一步时获得的先手优势就自动失去，摆脱对方纠缠的你，此时重心比对方低，双手比对方更弯曲，也已取得更优的后续进攻体势。

仔细体味太极起势，就会对太极折叠劲有更清晰的理解，这种利用身体上下开合产生的力量角度变化，首先是建立在对双方身体重心、骨骼、肌肉群的深刻了解基础上的，目的正是分化对方身体的合力，然后集中自身的整体合力，以多打少，克敌制胜。

金刚倒碓中的阴势和阳势

当然，起势中向上化解对方控制的手段并非时时都适用，如果对方身高明显高于你，此时仍然使用这一方法就未必管用了。好在太极的"金刚倒碓"提供了第二套完全不同的"夺势"技巧。

当你第一时间失势，被对方先手正面控制住双手时，太极"金刚倒碓"采用的是首先分化对方肩部、臂膀、腕部肌肉的整体合劲，取得"阴势"。

在"金刚捣碓"中，首先通过腰、胯部肌肉的旋转劲带动身体、手部左旋，此时，对方如果还紧紧握住你的双手，想继续控制，就无法再用到全身的合劲，而只能用到肩部、臂膀、手腕部的部分肌肉，随着你手部抬高、外旋，对方手腕肌肉会越来越吃力，肩膀、手臂用于屈伸的主肌肉群也因角度原因失去用力机会，甚至身体重心也不得不向你右侧偏移。此时攻防的先手也将再次易手。太极"金刚捣碓"也从"阴势"向"阳势"转变，开始正面力量交锋。

　　此时，你顺着对方身体重心的右移，将右脚向右后方退半步，以腰为轴带动身体右转，两手由左向右上方一掤，如果对方仍然紧握你的手，已经右偏的身体重心将会受到你腿部肌群、腰部肌群、肩背部肌群发出的强大右旋劲，而对方此前又刚刚使出同方向向右的拉力，如果不放手，则会被你顺势甩出去，即使此时放手，身体重心仍需要重新向中线回调才能恢复平衡，而你此时早已调整到位，并完成右旋蓄劲，可以进一步争夺"阳势"了。

　　等对方把身体重心回调中线时，你此时已经可以利用时间差左脚向前方铲出，并利用腰部回旋之力，用自己的左肘尖向对方胸部、腹部进行正面攻击。如果对方反应敏捷，及时向后退步躲开你

金刚捣碓一

金刚捣碓二

金刚捣碓三　　　　　　　　　金刚捣碓四

的第一次反攻，则你依然只须左脚尖外摆，就可立刻利用右腿发力让重心前移，缩短与对方的直线距离，并用右手攻其下阴、咽喉，用右膝攻其下阴、腹部，用右脚踩其脚面。对于刚刚把重心调回来又手忙脚乱后退的对手而言，再要躲过这一整套正面攻击已千难万难，即使能勉为其难再度后退，也很难继续保持身体平衡，更何况后退速度通常要比前进速度慢，发力也困难得多，一招不慎，就会立刻失去"阳势"，甚至在一招内遭遇致命攻击。

在"金刚捣碓"中，腰部的螺旋劲是成功秘诀所在，而能否顺利将螺旋劲送到手腕末梢，则是"金刚捣碓"第一步化劲能否成功的关键。需要身体足够松沉，才能有效发劲，否则，这样的动作安排，很可能第一时间就变成腕力对腕力的僵持与对抗，而一旦遭遇"大力水手型"的对手，失去先机的你就会陷入明显被动局面。

在金刚捣碓中还有一个动作需要特别注意，就是左脚外撇后右脚上移的那一小步。此时，身体的重心应该稳稳落于左脚掌而不能前倾或落后于左脚掌，否则就会影响后续进攻的节奏，在这样大幅移动中把握好重心移动的度非常考验太极拳手对身体的掌控力。

在陈家沟流传着一首评判太极拳高手的歌诀：

一阴九阳根头棍
二阴八阳尤觉硬
三阴七阳类好手
四阴六阳为高手
唯有五阴和五阳
阴阳皆备称妙手

如果我们平时练习时在这一动作中多用心体会重心变化，就可以深入领悟什么叫"五阴五阳是妙手"了。

白鹤亮翅中的阴势和阳势

相比太极"起势"和"金刚倒碓"而言，"白鹤亮翅"取得"阴势"的技巧则更为巧妙，是同时借助腰部螺旋劲和身体上下折叠劲实现的。

当对方抢到先手，首先在近身发动进攻冲来时，白鹤亮翅的应对动作是先通过腰部螺旋劲转化为手部的棚劲和下压劲，并带动身体及时左退一步，像接篮球一样化解对方直冲之力。同时，借助身体的退步，又管制住了对方前进的腿或脚，取得最佳"阴势"。

随后，吸引对方控制自己前部的右手，然后巧妙地利用螺旋劲、折叠劲将右手旋转到身体右上方，彻底改变对方力的方向，带动对方身体重心上移、旋转，失去重心，进一步取得"阳势"。此时，对方冲劲已失，同时要恢复自己身体重心的稳定，已不得不放弃对我右手的控制，先手全失。

白鹤亮翅一

白鹤亮翅二

王宗岳《太极拳论》中有一句名言："仰之则弥高，俯之则弥深。"就是形象讲述太极折叠劲的两大用途，身体的一俯一仰，把敌手身体重心分别拉向更高处或更低处，就能有效打破对方的身体平衡，取得对自己有利的阳势。

坳步中的阴势和阳势

除了正面进攻，迎面之敌还可能抢先向我右侧或左侧发起进攻。这时，该如何扳回先手呢？陈式太极中的左右坳步提供了一种简单直接的贴身战策略。

如果敌方是首先向我右前方迈步抢势发力，则我先身体重心下沉，松肩右转，两手随腰部右旋走下弧线向右后方将，把对方来力顺其进攻方向引入空处，使对方重心前倾，让对方为恢复身体平衡，产生向左后方回收的力。同时左膝上提，既保护自身腹部，攻击对

坳步一　　　　　　　　　　　坳步二

方腹部，同时也为抢进对方左后侧创造机会，形成对己有利的阴势。

此时，左脚顺势向左前方上一步，可借对方前冲之势有效缩短与对方的距离，取得阳势。而前面腰部向右旋转已完成的蓄劲则通过左手由下而上向左前方推出的掌根发出推力，此时也正是对方重心向左后方回收的时间点，顺势推出的左掌带着全身合劲与对方向左后方的全身合劲相加，对方再要保持身体平衡就要手忙脚乱了。

同理，当对方从我左前方进攻时，我只需要向左旋转身体向左下方引劲入空，再趁对手回扳重心时乘势进右推掌就能夺回先手。这也正是太极拳理中人来我走，人走我随的具体体现。

倒捻肱中的阴势和阳势

胸部是人体要害，面积又比较大，不易避让，往往是搏击中敌

倒捻肱一　　　　　　　　　　　倒捻肱二

手第一时间的进攻目标，如果对手抢到阳势，首先挥拳击向我胸部时，又该如何后发制人呢？陈式太极倒捻肱正是专为应对这类进攻设计的。

当敌方来拳击向我右胸部时，我则身体以腰部螺旋劲向右转，引劲落空，带动右手向外分开，将对手来拳从直线方向偏移到斜右侧，此时对方身体前冲，和我距离进一步拉近，同时重心已失，需要迅速收速回稳，先前取得的进攻优势尽失。

此时，趁对方向回收重心之机，我借助腰部螺旋劲用左手向外推击，打击对方右胸，并用左肩向其右胸靠去，此举既可进一步导致对方失去重心，也可直接威胁对方右胸部身体要害，尽获阳势。

同理，敌手若先向我左胸部进击，则我只需身体向左转，左手外开，引劲入空，诱导对方回收前冲的重心，就可乘势右掌向其左胸推击，并隐含右肩靠的后续打击手段。

需要提醒的是，在平时套路训练中，一些教科书上要求练习者做倒捻肱动作时，眼睛视线随向后摆动的手部动作头向后转，这在搏击中是非常忌讳的，须知此时来敌仍在你的前方，且与你身体正快速接近，唯有目视对手，才能预防任何可能出现的变化，此时回头不但毫无意义，更减少了头部的灵活性，万一对手变招或借机向你头部发动攻击，则有性命之忧！因此，在太极训练中首先应培养自身的攻防意识，这样才不会人云亦云，失去最基本的判断力，明明练错了还对自己动作的优美协调沾沾自喜。

云手中的阴势和阳势

云手是太极的经典动作，许多影视剧、小说中也往往把太极云手描画得高雅优美，其实很多人并不知道，云手才是太极中较少数先发制人，抢占阳势的招式。

搏击中，双方正面对峙，为有利防守，对方手部往往是离开身体最远的，而在身体肌肉群中，手腕部的肌肉也最弱小，因此，一旦有机会拿住对方手部，就能最快控制对方，而云手正是为此设计的主动进攻招势。

云手时，自己身体先微向左转，重心左移，将全身的螺旋劲导向右手，同时右手变掌，指尖向左前方领劲顺缠，一旦叼住对方手掌，则迅速走弧线至腹前，利用掌和腹部同时控制对方手腕，此时，全身的螺旋劲多灌注到对方的手腕部，而对手则因为反关节的原因只能以自己可怜的腕部肌肉反抗，孰强孰弱可想而知，一旦成功发劲，对方想保住手腕，就只能就地打滚了。

为了保证拿稳对方手部，平时训练云手由外向里缠丝时，应让拇指与小指相合，加强内劲。这样即使对方挣脱了你最有力的食指、中指无名指，也依然会被你拇指与小指的握力多控制一瞬间，让你有更大机会将对方手背与你腹部相贴，而胜负往往就是一瞬间决定的。

云手一　　　　　　　　　云手二

当然，云手中也有专门针对防守的设计。如果对方先拿住自己的手腕，则可以用腰部旋转带动自己手向外向上弧形缠丝，让对手的全身合力因为角度问题迅速分化衰减为腕部力量，并带动对方身体重心向侧上方偏移，对手要想保持身体重心，则不得不放弃对你手腕的控制，使你取得阴势。

许多人理解"四两拨千斤"就是"引劲入空"，其实太极中的"四两拨千斤"还有更主动的进攻模式，在云手中，拇指和食指中指相合的"四两握力"，一旦应用得当，就可利用人体反关节和对方手部痛感，从控制对方手背进而控制对方手腕，再进而控制对方手臂和肩部，直到控制全身。陈庆州大师当年在美国与500余名各路好手对练时，更多运用的正是这种"四两拿千斤"的巧劲，被"拿"对手一旦反抗挣扎，往往需要两星期左右才能恢复被伤的手部筋腱，这还是陈庆州大师有意控制用力下的结果，可见太极"四两"之力有多威猛！

在陈式太极中还有一种叉步云手，其实也隐含了很强的"夺势"功能，通过简单的叉步，就给了自身腰部更大的旋转自由度，可以瞬时旋转360度而不影响身体重心，加上手部的外旋缠丝劲，可以瞬间将对手甩出，至少可带动对手身体重心向斜前方大幅度侧移，失去身体平衡，为后续打击创造良机。

左蹬一根中的阴势和阳势

除了应对正面进攻，陈式太极拳还为摆脱来自侧后方的进攻准备了特别的应对招势。较典型的就是左蹬一根。

大家看战争片常会看到，双方肉搏战时，一旦被对手从后方抱住则非常危险，一方面随时可能有敌人从前方或侧方杀到，而你因为被抱住，无法再移动避敌；另一方面，也很可能因双脚被对方抱离地面而瞬间失去重心。此时的你可以说阴势尽失，几乎已到山穷水尽之地。

而陈式的左蹬一根就是要在这种情况下迅速摆脱对方的纠缠和控制，反败为胜。

首先，身体以右脚跟为轴左转，利用尚未被控制的腰部螺旋劲将背后紧紧抱住自己的对手带向左侧，使其身体重心左偏，无暇向上抱起自己。同时，两手变拳合于腹前，目视左侧。

紧接着身体螺旋下沉，进一步控制重心，防止对方抱摔自己，守住阴势。

同时完成身体折叠劲蓄劲后提左腿，左膝与右胯相合，进一步完成左腿折叠劲的蓄劲，然后将重心完全移至右脚踏稳，左脚发劲快速向被甩到自己左侧的敌手平蹬，逼对手撒手回防，取得阳势。如果对方依然死抱不放，则同时两拳用劲向左右外翻，也可以瞬间挣开对手合抱，并借左腿蹬劲左推对手胸部，使其后倒，同时右拨对方另一只手，防止对方在自己身体上抓拿寻找支点。

左蹬一跟一　　　　　　　　　左蹬一根二

左插、右插中的阴势和阳势

除了正面进攻，敌手也可能从右侧先行发起进攻，此时，陈式太极拳的左插、右插就是很典型的应敌妙手。在今天流传的陈式老架一路第29式和30式中，左插、右插已被改名为左擦脚和右擦脚，只有在一些较早期的拳法版本中才能看到左插、右插的名称。仔细品味这两招的原始名称，或许可以更清晰了解此招在搏击中的行拳要点。

当敌方从右前方袭来时，我方首先吸气后身体微微右转，左手引右手，身体下沉，目视右手。随后两手随身体下沉，由上而下走弧线向左下捋，右手捋至左腰间，左手不停继续向上翻转，左小臂向下与右小臂合于胸前。

身体的这一右旋下蹲动作首先可以用螺旋劲将对方来劲导向

左插、右插一　　　　　　　　左插右插三

空处，同时也可使自己的身体重心下沉，既稳定了重心，避免重心后倒，也为后续的发劲积蓄了反向螺旋劲和反向折叠劲。更重要的是，双手可控制对方来拳，将其顺其用力方向捋向左下侧，使对方重心前俯，对方要恢复身体平衡，则须向我左方迈步以支撑身体。此时，我方不但守住了自身的身体平衡，还夺回主动权，为后续进攻抢占了阴势。

随即，我为了取得阳势，则提左脚盖住右膝，左脚插至右脚前方，同时呼气，重心完全移至下插的左脚。这一脚直接将全身力量发于左脚，斜插敌方刚伸过来平衡身体重心的前脚迎面骨、脚背！

一旦踩实，则对方很可能当场骨折重伤，即使对方反应敏捷，匆忙撤步后移，也已下盘不稳。同时，我更可以借势抢进，右手晃其面部，身体上领带动右脚用劲快速上踢对方胸部，顺其后撤之力使对方加速后倒。至于平时练习中为何要用右手拍打右脚面，据陈庆州大师向我口述，这是为了训练脚步上撩的高度所特意设置，具体搏击中其实完全可以变化手势，无须墨守成规，一切以迷惑对方视线，借机踢中对方胸部为要。

如对方避开此轮进攻，则可以右脚向右盘旋落地找对方脚面踩捻，右脚弯盖住左膝螺旋下蹲蓄劲，然后呼气，身体上领，左脚快速用劲踢起，左手则晃其视线。连环腿击，可充分利用双方身体已接近的阳势，爆发自身的螺旋劲和折叠劲，给对手最大的打击。

第六章
太极与养生

解礼德向来华学习的海外学员传授太极养生功法

和传统擒拿搏击术不同，太极拳除了有精妙的搏击功能外，还有独特的养身、养性功能。这其实与陈式太极的创拳初衷密切相关。

根据历史记载，陈式太极的创拳者陈王廷是明末文庠生（秀才）、清初的武庠生（秀才），一生披坚执锐。但陈式太极一到五路拳法却并非他在军旅生涯时所创，而恰恰都是在他晚年隐居乡里时所创，除了参考戚继光拳经等搏击招数之外，还结合了易学、医学、阴阳五行、经络学说及导引、吐纳之术。[1]

一个戎马一生的人到了晚年，争强好胜之心自然会变淡，延年益寿之愿则会慢慢增长，陈王廷大师晚年之所以要将中医经络、导引吐纳等引入太极拳法中，当然是希望这套拳不仅能让乡里学拳者掌握搏击自卫术，更希望他们也能通过练拳得到身心健康！

陈王廷大师曾遗存一首长短句，其中就有："常洗耳，不弹冠，笑杀那万户诸侯，兢兢业业，不如俺心中舒泰，名利总不贪。参透机关，识破邯郸，陶情于渔水，盘桓于山川。成也无干，败也无干。谁是神仙？我是神仙！"[2]从中我们可以体会出大师当年淡泊名利，平和安详的独特心境。而这其实也正是太极养生最需要达到的心性状态。

（一）太极养生根本目的是养"心"

经常看清宫剧的观众都知道，故宫里有一间特别的屋子叫养心殿，是皇帝的卧室。据史书记载，从雍正开始到宣统皇朝为止，清代共有八个皇帝居住于养心殿。顺治、乾隆和同治三个皇帝更是逝

---

1 陈庆州.陈氏太极拳功夫荟萃.中华书局，2003.P1—P2.
2 陈庆州.陈氏太极拳功夫荟萃.中华书局，2003.P2.

于养心殿。

相比养身，养心显然更重要。因为生活在信息社会的我们和当年的帝王们一样，都已深受信息超载所苦！就算身在南极，也有智能手机、iPad相伴，再也过不上陈王廷大师那样田园牧歌式的悠闲生活了。

美国著名社会心理学家、"六度分隔理论"发明者斯坦利·米尔格借用了电路和系统科学中的"超载"一词来形容这一城市生活带来的心理阴影。我们受到太多的景象、太多的声音、太多的"事件"以及太多的人的高频次持续轰炸。我们无法处理所有的感觉信息。如果我们要对每一个刺激做出反应，我们的认知和心理电路就将瘫痪，就像超载的电路板保险丝会烧毁一样。[1]

对待大脑信息超载，古代的帝王们想到了孟子，孟子说："修养内心的方法，没有比减少欲望更好的了。一个人如果欲望很少，那么内心即使有迷失的部分，也是很少的；一个人如果欲望很多，那么即使有保存的部分，也是很少的。"（"养心莫善于寡欲。其为人也寡欲，虽有不存焉者，寡矣；其为人也多欲，虽有存焉者，寡矣。"）

翻译成大白话就是欲望太多，要取舍太耗脑力，如果没有爱恨贪痴等欲望，自然就不会有取舍的念头出来。可惜，人的七情六欲很难受意识控制，也很难长期压抑。当年故宫里的帝王们做不到，当下生活在大都市里的高管、小白们也难一夜变成圣贤，那么有没有容易上手的路径可以走呢？

太极拳就创造出了普通人更容易踏上的一级台阶。当外界的万千诱惑袭来，且让我们将大脑的注意力先归于一点，一念抵万念，做好当下那一式太极动作！

正如我们在第四章提到的，陈氏太极拳特点之一是讲究心、意、气、力紧密结合，劲力与呼吸必须协调一致。实现"心到、意到、气到、力到"。因此，当太极练习者在做每一个太极动作时，

---

[1] 杰弗里·韦斯特.规模——复杂世界的简单法则.中信出版集团2018年6月第一版.P340.

都需要知行合一，从心、意、气、力四个方面去全面掌控自己的潜意识、意识、内脏器官和肢体肌肉。此时此刻，唯有一心不乱，动作才能真正连绵不绝，心猿意马自有下一个动作把它牵回来。久而久之，这个"一"就会让自己的潜意识真正体会到放下其他欲望时的平和舒畅，从内心深处喜爱上这种平静的感觉，不会轻易再被其他的刺激诱惑所左右。当心不惑时，养心之功就水到渠成了。

哈佛大学医学院教授约翰·瑞迪（John Ratey）则从另一方面揭示了太极等有氧运动与大脑、心理健康的神秘联系。

历经二十余年的研究，他发现，太极等有氧运动会使脑内BDNF（脑源性神经营养因子）水平大幅度提高，这就好比为大脑施肥，吸收养分的脑细胞连结由此变得枝繁叶茂，脑神经之间的信息交流变得更顺畅。同时，运动还能激发海马体的干细胞分化成新的神经细胞，不断有新生的神经细胞可以加入大脑运行。[1]

换句话说，当你站起来打太极时，你就会变得更聪明，当然也就有更阳光的心态去正确应对信息时代的心理超载。

事实上，美国马萨诸塞综合医院研究人员早已发现太极对抑郁症患者有明显的治疗效果。研究结果刊登在《临床精神病学杂志》上。[2]

（二）太极养生不妨先从"脚力"入手

2016年初，一位上海书法家陈柏荣找到我，希望跟我学打太极，他当时因为长期熬夜创作，身体很不好，出门走两条横马路（约400米）就必须要歇脚。还患有较重的糖尿病，由于血糖过

---

[1] 《哈佛脑科学家：学习不好，情绪低落，比吃药更管用的方法是……》https://wenhui.whb.cn/third/jinri/201811/06/222528.html?tt_from=weixin&tt_group_id=6620627948535824910，《文汇网》2018-11-6.
[2] 《美媒：美研究人员发现练太极可缓解抑郁症》Cf. http://www.cankaoxiaoxi.com/science/20170528/2056247.shtml 参考消息网2017-05-28.

太极养生不妨先从"脚力"入手

高,腿部皮肤还经常出现瘙痒症状,常因忍不住挠痒而抓破皮肤。

这样的身体状态是很难用通常的太极"站桩"功夫迅速改善体质的。我就教他在做陈式太极动作时强化深蹲和抬腿,让身体先从"画大圆"中积累能量,特别是腿部肌肉的能量。

他坚持训练一个月后,打拳时开始大量排汗,随之腿部的瘙痒症明显缓解,训练三个月后血糖指数也开始稳步降低,半年后瘙痒症完全消失,走远路已和正常人一样。他打太极养生的信心也由此大增。

其实,看看人体的肌肉群分布就可以知道,人类数千万年进化过程中,腿部运动是人身体运动中最主要的部分。可惜的是,随着白领工作模式取代工厂体力劳动、私家车等现代交通工具的不断普及,国人腿部运动的机会大大减少了。

这样至少直接带来对身体的两大危害:一是人体正常吸收的糖分没法及时得到有效消耗,容易引发脂肪肝和糖尿病;二是造成骨密度降低,容易造成骨折等意外伤害。

国家体育总局官网的《全民健身指南》解读就指出:进入21世纪以来,随着我国经济社会的快速发展,人们的工作和生活方式发生改变,居民身体活动量明显减少,身体活动不足已是导致人体死亡的第四独立因素。[1]

---

[1]《全民健身指南》解读. Cf. http://www.sport.gov.cn/n317/n10506/c819331/content.html 国家体育总局官网 2017-08-14.

因此，太极养生不妨从最基本的"脚力训练"入手，让练习者用最快时间收获身体素质的改善，建立起对太极养生的初步信心。

同时，腿部肌肉运动会带来身体热量的大幅度释放，有力促进人体汗腺排汗，而排汗的过程本身就有排出人体毒素的功能，大大分担肾脏的排毒压力，坚持一段时间，身体内脏器官就会像水龙头下冲洗的狼毫一样，恢复光亮的本来面目。

对于肾功能与人体衰老的关系，中国古老的《黄帝内经》中有非常详细的描述：

帝曰：人年老而无子者，材力尽邪？将天数然也？

岐伯曰：女子七岁，肾气盛，齿更发长。

二七，而天癸至，任脉通，太冲脉盛，月事以时下，故有子。

三七，肾气平均，故真牙生而长极。

四七，筋骨坚，发长极，身体盛壮。

五七，阳明脉衰，面始焦，发始堕。

六七，三阳脉衰于上，面皆焦，发始白。

七七，任脉虚，太冲脉衰少，天癸竭，地道不通，故形坏而无子也。

丈夫八岁，肾气实，发长齿更。

二八，肾气盛，天癸至，精气溢泻，阴阳和，故能有子。

三八，肾气平均，筋骨劲强，故真牙生而长极。

四八，筋骨隆盛，肌肉满壮。

五八，肾气衰，发堕齿槁。

六八，阳气衰竭于上，面焦，发鬓斑白。

七八，肝气衰，筋不能动。

八八，天癸竭，精少，肾脏衰，形体皆极则齿发去。

肾者主水，受五脏六腑之精而藏之，故五脏盛，乃能泻。

今五脏皆衰，筋骨解堕，天癸尽矣，故发鬓白，身体重，行步不正，而无子耳。

帝曰：有其年已老，而有子者，何也？

岐伯曰：此其天寿过度，气脉常通，而肾气有余也。此虽有子，男子不过尽八八，女子不过尽七七，而天地之精气皆竭矣。[1]

同样，西方科学研究也已发现，人体的肾小球滤过率早在40岁左右（五八，肾气衰，发堕齿槁）即开始迅速下降，而人体有多达200万—500万个汗腺，大量汗腺在人体体温正常时处于不工作状态，完全可以利用有氧运动升高体温激发出来分担肾脏的排毒功能。

更重要的是，腿部肌肉群的健康还可以大大分担心脏的负担。心脏要把血液输送到人体每一根毛细血管的终端，就像把果汁压过一个有100亿个小洞做成的筛子，每一次心跳其实都是对心脏和血管的磨损。[2]而每一个下蹲动作就等于临时增加了第二个心脏，可以有效分担心脏压力。下肢腿脚尤其每次小腿收缩挤出的血量相当于心脏每搏输出量！

此外，深蹲、高抬脚的动作相比太极练习者常用的"中架"更不容易损伤膝盖，也更容易掌握，毕竟亚洲蹲可是国人的先天禀赋！（详见第八章太极折叠劲训练）

陈式太极对腿部力量的训练除了套路练习之外也有配套的站桩功法等。

（三）太极养生要节节贯通到"目力"

太极养生一旦过了"脚力"关，则可以逐渐扩展到向全身各部位"力"的训练。腰胯肩肘腕"旋转力"（参见太极球入门九式训练法）、手臂、身体折叠开合力（参见太极行功棒入门九式训练法）都能带来身体素质的有效改善。这里面，比较特殊的是对"目力"的训练。

---

[1] 马烈光.黄帝内经九讲精要.化学工业出版社2016.10第一版.p48—49.
[2] 杰弗里·韦斯特.规模——复杂世界的简单法则.中信出版集团2018年6月第一版.P125.

太极养生要节节贯通到"目力"　　"目力"的强与弱,更是与人体五脏六腑的精气运行正常与否密切相关

中国传统武术中的"目力"训练最早是用于搏击的,目力强的人在光线昏暗处与人格斗显然更占优势,更不用说不戴眼镜者和戴眼镜者斗拳了。传统武术相关的"目力"训练方法是严格遵循中医经络理论设计的,是通过改善人体五脏六腑精气运行,来达到向眼部输送能量,帮助眼部肌肉、神经等快速处理外部信息。

根据中医经络理论,眼睛是心之使、神之舍,而"目力"的强与弱,更是与人体五脏六腑的精气运行正常与否密切相关,这在《黄帝内经素问大惑篇》中有详细的分析:

五脏六腑之精气,皆上注于目而为之精。精之窠为眼,骨之精为瞳子,筋之精为黑眼,血之精为络,其窠气之精为白眼,肌肉之精为约束,裹撷筋骨血气之精,而与脉并为系。上属于脑,后出于项中。故邪中于项,因逢其身之虚,其入深,则随眼系以入于脑。入于脑则脑转,脑转则引目系急。目系急则目眩以转矣。邪其精，其精所中不相比也，则精散。精散则视歧，视歧见两物。目者，五脏六腑之精也，营卫魂魄之所常营也，神气之所生也。故神劳则魂魄散，志意乱。是故瞳子黑眼法于阴，白眼赤脉法于阳也。故阴阳合传而精明也。目者，心使也。心者，神之舍也，故神精乱而不转。卒然见非常处精神魂魄，散不相得，故曰惑也。[1]

因此，当代人虽然并不需要靠提升"目力"来提高自身夜战能力，但却可以借用传统武术中的"目力"训练法来延缓自身视力退化，同时更可以借此改善五脏六腑的精气运行，达到延缓衰老的奇特功效。陆国柱师父传授给我的"武当明目功"正是这样的一套"目力"训练法。

这种按摩方法通过改善眼部、头部、背部经络运行，可以让眼部肌肉群更快得到放松，并获得更多养分，对中老年改善远视，青少年改善近视都有奇效。陆国柱师父、我本人、我的弟子何登田都是通过练习这一功法改善视力的，如今我们三代武当传人都可以不靠老花镜生活，我也希望有更多的太极爱好者能通过传承这一武当武术文化，早日告别"四眼人生"。

（详见第十一章：武当明目功）

（四）太极养生进阶靠"呼吸"

我的台湾弟子何登田2017年在世界传统武术锦标赛上一举获得陈式太极拳和太极剑两枚金牌，近5年来更获得全国各类太极比赛20多枚金牌。不过他2016年4月时却意外遭遇了一起食物中毒事故，被送到医院时已经心肺功能衰竭、总胆管堵塞，当时会诊的医生认为这样的病情已经十分危险，体内毒素也很难通过肝、肾排

---

[1] 马烈光.黄帝内经九讲精要.化学工业出版社，2016.10第一版.P141.

出，即使抢救回来，也需要至少半年的治疗才能逐渐恢复。当时他躺在医院病床上，根本无法进行任何大运动量的锻炼，也就无法借助汗腺排出身体内的毒素，他当时是怎么做的呢？

他就在重症加护病房中支撑着自己慢慢从病床上坐起来，靠着墙，用我教他的腹式呼吸法和武当吐纳导引术，慢慢把身体的体温升上去，最后成功启动了身体的排汗功能，全身大汗淋漓，体内毒素也随汗水渐渐排出体外，结果奇迹般地只用了16天就完全康复出院！痊愈后他特地来看我，说学习太极是自己最正确的人生选择。

太极养生进阶靠"呼吸"

人体有两种最基本的呼吸模式：胸式呼吸和腹式呼吸，一个孩子从出生起就会用胸式呼吸，大约20岁期间就可以迅速获得一生当中的最大呼吸能力。所以中学时学校往往会测量一个孩子的"肺活量"。不过很少人知道这个肺活量在35岁起一般就会进入一个迅速的下降通道，到你60岁时一般只有年轻时肺活量的60%，75岁时可能只剩50%。[1]而输送氧气正是心脏最重要的功能，科学家统计哺乳动物的新陈代谢率时发现，无论体型有多大，每呼吸一次，均心跳四次。[2]

---

1 杰弗里·韦斯特.规模——复杂世界的简单法则.中信出版集团2018年6月，第一版.P202.
2 杰弗里·韦斯特.规模——复杂世界的简单法则.中信出版集团2018年6月，第一版.P124.

这就是为什么年纪越大爬楼梯越气喘吁吁、心跳加速的原因，当你的肺活量降低时，只能靠提高肺式呼吸频率来弥补，相应心脏跳动提高的频率会再乘以4倍！

科学研究还发现，胸式呼吸时，只有肺的上半部肺泡在工作，占全肺4/5的中下肺叶的肺泡却在"休息"。长此以往，中下肺叶得不到锻炼，长期废用，则容易使肺叶老化，弹性减退，肺的退行性疾病大多侵犯老年人的中下肺叶，这与胸式呼吸长期造成的中下肺叶废用关系密切。[1]

有没有办法弥补呢？太极等中国传统武术训练中的腹式呼吸就是最佳选择。

陆国柱大师曾接受过一次测量，其腹部呼吸时最小腰围仅有720毫米，最大腰围则可达970毫米。可以瞬间给身体带来超过1 000毫升的肺活量。而人体正常胸式呼吸时仅有约600毫升肺活量。

腹式呼吸的好处还在于通过腹腔压力的改变，使胸廓容积增大，胸腔负压增高，上下腔静脉压力下降，血液回流加速。由于腹腔压力的规律性增减，腹内脏器活动增强，得以改善消化道的血液循环，促进消化道的消化吸收功能，促进肠蠕动，防止便秘，起到加速毒素的排出，减少自体中毒，最终达到减慢衰老的目的。同时，腹式呼吸还包括盆腔运动，即在支配腹部作大呼吸运动的同时，配合收肛及舒肛运动以及缩腹上举，促进盆腔血流。[2]

正如第五章所言，打陈式太极时，身体需要随时借助腹式呼吸来灵活调节身体重心，甚至需要利用腹式呼吸带动腹部旋转发劲。因此，练习陈式太极的过程其实就是一个从生疏到熟练掌握腹式呼吸的训练过程，当打拳时已经无须意识控制腹式呼吸时，你的第一层次"气"功也就入门了。

---

1 《呼吸方法不对竟然伤身体　如何练习腹式呼吸》Cf. 人民网2018-2-21http:// www.yn.xinhuanet.com/health/2018-02/21/c_136988545.htm.
2 马烈光.黄帝内经九讲精要.化学工业出版社，2016.10第一版.P141.

但这还仅仅是武当吐纳术的初级阶段。

正如美国科学家研究指出的，只有让呼吸次数有效减少，心脏的跳动次数才能以4倍的等比减少，真正达到保护心脏、延缓心血管衰老的作用。因此，除了腹式呼吸，我们同样要关注吸入身体的氧气如何更有效地传输到身体的所有组织中去。

让我们再来看一个美国科学家的实验：

美国塔夫茨大学等机构研究人员2018年在《英国医学杂志》上发表论文说，他们将平均年龄52岁的226名纤维肌痛患者分成太极和有氧运动两组。在连续24周里，参加有氧运动的患者每周运动两次，打太极的患者每周打一到两次。

研究人员随后对这些患者跟踪调查长达52周。结果显示，打太极组的疼痛缓解状况明显优于有氧运动组。[1]

中医理论告诉我们："痛则不通"，肌肉的酸痛往往是局部毛细血管堵塞、收窄，导致血流不畅，供氧供能不足所致，肌肉细胞不得不从有氧运动转成无氧运动，产生大量乳酸。乳酸是一种强酸，不仅会刺激末梢神经产生酸痛感，积聚过多还会使体内酸碱度的稳定受到破坏，使机体工作能力降低。

因此，腹式呼吸后，则应借助平缓稳定的吐纳术让身体进一步放松下来，再结合太极旋转、拉升、折叠等身体伸展动作使得原本紧绷的肌肉、筋膜获得放松，最终改善人体微循环。当你感到身体出现发麻、发胀、发热等现象时，其实正是这些原本不通畅的毛细血管群在发出收获氧气、养分的信号。而当你感到全身清凉通透时，则是吐纳放松后，人体毛细血管群、筋膜组织的微循环淤塞得到疏通后的神经末梢反馈。

陆国柱大师传授我的《武当太极禅功十三式》正是源于武当吐纳术的一套放松、导引方法，通过这套方法的练习，可以有效缓解

---

[1]《打太极可有效缓解慢性疼痛》新华社2018-06-29, Cf. http://www.legaldaily.com.cn/health/content/2018-06/29/content_7582131.htm?node=87895.

人体各部位微循环的淤塞现象,达到改善体质、抗衰老的功效(详见第十二章:武当太极禅功十三式)。

(五)太极养生关键期是"招熟"期

太极练习者大多听过太极"招熟、懂劲、神明"三阶段论。而对养生最有效的其实并非后面的"懂劲"期和"神明"期,这两个阶段更重要的是搏击水平的飞跃。相反,从养生角度看,最关键的正是被视作太极初级阶段的"招熟"期。

在这一阶段,练习者需要通过反复练习太极招式,提高对自己身体的控制力,同时,又需要时时观照自己大脑中的念头"不开小差"来保证下一个连贯动作的平稳接续。随着对招式越来越熟悉,练习者会发现,此前被"忽视"的各种念头会时不时跳出来,带着你的思绪"飞一会",等到你发现时,往往已经是三四个动作之后了,而自己的眉头早已拧在一起,好不容易放松下来的面部表情肌又抽紧了。此时,不必灰心,这是正常的。只要养成了观照的好习惯,就能及时发现这些"杂念",让大脑对这些念头的兴奋度降低,被大脑小脑神经对下一个太极动作的高度兴奋覆盖掉。持之以恒,一套太极、两套太极动作持续运作下来,脑中的"杂念"会越来越少,直到接近一念不生的平和安祥境界中,全身暖洋洋的,阳气升起,对自己的信心增加了,再没什么烦恼好担心了。

随着"定力"增长,日常生活中你也会更经常进入太极的"放松态",陈王廷大师诗中说的"谁是神仙?我是神仙"其实描述的正是这种充满自信,无忧无虑,超脱"名缰利锁"的"放松态",当代人也把它叫做"太极禅境"。在"放松态"中即使遇到和别人一样的困难和逆境,你也能更从容以太极"舍己从人"、"顺其自然"的平和心态去面对,往往能跳出局外,见人所未见,更容易找到正确有效的解决办法。

附：全民健身体育活动方式与健身效果

体育活动类别	体育活动方式	健身效果
有氧运动（中等强度）	健身走、慢跑（6~8千米/小时）、骑自行车（12~16千米/小时）、登山、爬楼梯、游泳等	改善心血管功能、提高呼吸功能、控制与降低体重、增强抗疾病能力、改善血脂、调节血压、改善糖代谢
有氧运动（大强度）	快跑（8千米/小时以上）、自行车（12~16千米/小时以上）	提高心肌收缩力量和心脏功能，进一步改善免疫功能
球类运动	篮球、足球、橄榄球、曲棍球、冰球、排球、乒乓球、羽毛球、网球、门球、柔力球	提高心肺功能、提高肌肉力量、提高反应能力、调节心理状态
中国传统运动	太极拳（剑）、木兰拳（剑）、武术套路、五禽戏、八段锦、易经筋、六字诀等	提高心肺功能、增强免疫机能、提高呼吸功能、提高平衡能力、提高柔韧性、调节心理状态
力量练习	非器械练习：俯卧撑、原地纵跳、仰卧起坐等 器械练习：各类综合力量练习器械、杠铃、哑铃等	增加肌肉体积、提高肌肉力量、提高平衡能力、保持骨健康、预防骨质疏松
牵拉练习	动力性牵拉：正踢腿、甩腰等 静力性牵拉：正压腿、压肩等	提高关节活动幅度和平衡能力，预防运动损伤

注：摘自国家体育总局官网图

中国传统运动方式包括武术、气功等。具体活动形式包括太极拳（剑）、木兰拳（剑）、武术套路、五禽戏、八段锦、易筋经、六字诀等。

中国传统运动健身方式动作平缓，柔中带刚，强调意念与身体活动相结合，具有独特的健身养生效果。可以提高人体的心肺功能、平衡能力，改善神经系统功能，调节心理状态，且安全性好。

以提高身体平衡能力、柔韧性、协调性和改善心肺功能、调节心理状态为主要健身目的人，特别是中老年人群，可以选择中国传统运动健身方式。

《全民健身指南》解读：
http://www.sport.gov.cn/n317/n10506/c819331/content.html

第七章

太极与易经

解礼德、陈榕在江西龙虎山老子像前演示陈式太极

历代的太极拳大师们都非常推崇王宗岳的《太极拳论》，把其作为指导自身太极练习的核心指导理论。而《太极拳论》开篇第一句讲的就是"太极者，无极而生，动静之机，阴阳之母也。"

那么，这句话中的太极究竟指的是什么呢？

要真正明白太极的内涵，我们还需要找到太极概念的源头，去看看真相。

先识阴阳后悟太极

今天大家习练的太极拳虽然是明末清初才正式创编成型的，但太极这个哲学概念产生却要早得多，早在战国之际，《周易·系辞》中就出现了"太极"之说。

《周易·系辞》中这样明确表述太极："是故《易》有太极，是生两仪。两仪生四象。四象生八卦。八卦定吉（顺应自然）凶（违逆自然），吉凶生大业。"

《易经》是中国最古老的典籍之一，历代学者曾用各种不同的文字赞扬它，推崇它为"群经之首"。[1]因为这本典籍穷究的正是人类社会最本质的一个问题："天地万物究竟是如何变化的？"

从古人留给我们的文字看，中国先人这种对变化规律的探索，其实都来自对身边事物的观察。而太极概念则来自对这种观察后的内在体悟。

《周易·系辞》中这样描述这一心路历程："古者包牺氏（伏羲）之王天下也，仰则观象于天，俯则观法于地，观鸟兽之文与地之宜，近取诸身，远取诸物，于是始作八卦，以通神明之德，以类万物之情。"

---

1 南怀瑾.中国文化泛言.复旦大学出版社，2006年5月第二版.P18.

先识阴阳后悟太极

中国古人发现的八卦找到了4种完全对立的自然现象：最基本的是天与地的对立；其次是水与火、山与泽、雷与风也形成对立。再观察鸟兽，有公有母；观察草木，有雄有雌；观察人类本身，有男有女。于是概括起来，就把阴（— —）阳（——）的对立看作宇宙间的根本对立。[1]

巧合的是，正是源自东方的"阴阳变化规律观"在中世纪的欧洲催动了"二进制"数学的诞生，并成为当下信息时代的基础算法，极大加快了现代科学对事物变化规律的把握速度，又引领了全世界的飞速变化。[2]

找到阴阳背后的源头

那么，阴阳变化的来处是哪里呢？于是，中国古人把这种将要变化而还没有生成变化时的状态用一个哲学概念来表述，把其称之为"太极"。即它既可能生成阳的功能变化，也可能生成阴的功能变化，所以这种状态是阴和阳共同的"母亲"。

数千年后的现代物理学发现了物质的量子态，在这种量子态下，物质的真实状态是概率性的，不能被简单描述为某一固定状态，而只要一观察，这种量子态就会塌缩成某一种固定的状态。比

---

[1] 孙叔平.中国哲学史稿.上海人民出版社，1980年8月，第一版.P33.
[2] 周士一、潘启明著.周易参同契新探.湖南人民出版社，1981年9月，第一版.P4—10.

如，电子究竟位于原子的哪一位置，就是一种概率现象，既可能出现在这一位置，也可能出现在那一位置，因此物理学家通常把电子的真实运动轨迹描述为围绕原子核的电子云（概率云）而不是某一个单一运动轨迹。

物质世界是如此，人类的内心世界同样如此。现代生物学发现，人类的视觉本身是不连续的，而是以每秒24帧的速度拍摄外部图像，然后在大脑中通过复杂的生物运算重新形成动态形象被意识识别。

找到阴阳背后的源头

这种动态形象的形成过程中会先加入情绪影响，然后再提供给意识去识别，此时这种内心中形成的形象既可能是对外部世界的准确描述，也可能是错误描述。比如，热恋中的男女，往往在大脑中形成的是比对方真实形象更美好的形象，而相恋7年之后，这种"美颜功能"则会消失殆尽，产生"7年之痒"。

再细细分析一下，我们会发现，在意识判断、情绪判断产生之前，人类大脑中还存在一个"太极态"，在这个"太极态"中，外部刺激信号已经输入，而明确的念头并未生成。此时，"真假判断"、"善恶判断"、"美丑判断"都不存在。没有"喜欢"，也没有"厌恶"，没有"欲取"也没有"欲舍"等情绪。甚至没有"他者"，也没有"我"。

太极态对外在变化有独特把握能力

现代人通常把意识的判断称作理性判断，通过对外在变化规律

太极态对外在变化有独特把握能力

的归纳和逻辑演绎,可以较准确把握后续的变化趋势。但在两种情况下,人类却往往并不仅依赖意识的理性判断来把握外在变化。

一种情况人人会碰到,那就是瞬时出现的突发情况。比如一个婴儿的手第一次碰到了烫的杯子,虽然婴儿头脑中还没有"烫"这个概念,但这并不会影响他出于本能把手迅速缩回去。此时,把手缩回去的判断和指令并不来自大脑意识,而是大脑"太极态"中那些亿万年形成的生物本能在直接指挥人体的肌肉群迅速完成自救动作。

另一种情况研究专家或艺术家们常常会接触到,那就是当思考一个有众多变数而手头信息又不足的问题时,仅靠逻辑推演是找不到准确答案的,此时,往往人会进入一种特殊的深层思维状态,意识只管把有关的信息输入大脑,而大脑中则是一片空白,直到相当长时间后,突然间一种"灵感"会从空白中迸发出来,这种"灵感"包含的往往不是一个简单的是非信息,而是一段完整的公式、方案,甚至是一部长篇小说的庞大信息量,意识在把其记录下来时,还可能会出现前后字节错置的有趣现象。

可见,"太极态"虽然隐而不显,却比人类用惯的"意识"有更独特的一面,它可以比意识更快,也可以比意识更"能干",还可以跳脱出情感等主观因素的干扰,更客观反映外在事物的变化规律。

太极态与懂劲

在日常的太极拳练习中我们也会渐渐感知这种"太极态"和

意识活动的差异。在太极推手过程中，进入"太极态"的选手常常会变得心态更平和，在对方发动攻击的一瞬间就作出最正确的应对，这种应对速度远远超过大脑先感知对方劲力变化，然后分析对方来力、意图，再去指挥自己肢体做反应的速度，更像是婴儿碰到烫杯子时那种瞬时反应。对此，太极大师们把这种状态区别于普通的"招熟"阶段，而称其为"懂劲"。

而在"懂劲"之上，则有更深入的"神明"阶段，达到

太极态与懂劲

"神明"阶段的太极拳手，往往能在对手攻击将发动未发动时，就"灵感"爆发，提前作出最正确的判断，并以太极招式在对方来拳时，在最正确的位置改变对方力的方向。

现代人工智能研究已揭开了"神明"的部分真相，原来，人的内心变化会产生瞬时的微表情和微动作，现代人工智能技术已经能识别出其中的数十种不同的微表情、微动作，作为判断银行贷款客户是否撒谎的判断依据。虽然这种微表情和微动作转瞬即逝，无法被意识把握，但这些信号依然会被眼睛视觉神经、皮肤触觉神经输入大脑，供"太极态"去分析处理，产生意识思维之前的"直觉"判断。因此，经过长期反复训练，这些通常会被意识忽视的微表情信号、微动作信号是完全可能得到强化处理的。

人类有着数百万年的进化史，在丛林时代，当遭遇陌生动物时，往往凭借对方一个眼神，原始人就需要作出对方是否有敌意、会先从哪个方向进攻自己的本能判断。从今天人们的角度去看，这

种惊人的判断力当然是"神明",而对原始人来说,则是最普通的"日常操作"、"生存本能"而已。回到"太极态",就是找回我们每个人与生俱来的本能,其实并不神秘,人人可为。

识阴阳知攻守

从旧石器中晚期的伏羲部落时代到孔子编撰《周易》的春秋时代,中国先人们经历了将近2 500年的世事沧桑,对变化规律的把握也从伏羲时代的"八卦"演变为《周易》中更复杂的64卦、384爻阴阳变化。而《周易》之所以被奉为群经之首,正是其浓缩了近2 500年中国先人们的生存智慧。

细细品味《周易》,我们可以发现,相比伏羲时代,中国先人们对太极阴阳变化规律的认识变得更精细了,也正是这种精细化,让人们借助"阴阳互济"规律把握外在变化时有了更强的指导性、参考性。

在易经的64卦中,"乾、坤、坎、离"四卦代表了"天、地、水、火",总结的正是阴阳的原本功能和变化规律。[1]其中的"乾"卦由6个阳爻组成,是64卦中至刚至阳的一卦,而"坤"卦则是由6个阴爻组成,是64卦中至阴至柔的一卦。细细品读《周易》对这两卦12爻的分析,我们就能顿悟古人对攻守之道的经验与智慧。

我们先来看看"坤"卦的"守"之道:

《坤》:元亨。利牝马之贞。君子有攸往,先迷,后得主,利。西南得朋,东北丧朋。安贞吉。

初六:履霜,坚冰至。

六二,直方大,不习,无不利。

六三,含章可贞,或从王事,无成有终。

---

[1] 南怀瑾.中国文化泛言.复旦大学出版社,2006年5月第二版.P29.

六四，括囊，无咎无誉。
六五，黄裳，元吉。
上六，龙战于野，其血玄黄。
用六，利永贞。[1]

在"守"之道的第一阶段（初六），人们对"柔"的理解仅是不再锋芒毕露，而是像坚冰一样建立牢固的防线。

到了第二阶段（六二），这种不攻只守的柔和处理方式得到了进一步的扩展，达到纵向无边，横向无涯，宽厚而博大的状态，甚至在动态中也能做到保持这种连绵不断的"防守"的状态。

到了第三阶段（六三），"连绵不断"更进一步变为了"舍己从人"，此时，防守已经趋近于"有始有终、无功无过"的有效防御了。

识阴阳知攻守

随着对柔守的更深入体会和运用，防守将进入第四阶段"六四"，此时的防守就像扎紧的口袋，虽然得不到赞誉，却已完全没有了缺陷。

到了"柔守"的第五阶段，防守者已懂得时时居于下位的好处，明白了自然变化之理，此时的防守已经随性自然，从心所欲不逾矩，防守效率极高。

---

1 任宪宝.周易.吉林文史出版社，2016年8月第一版.P4—9.

而到了"柔守"的第六阶段,防守却出现了完全不同的变化,因为过柔、过阴而反而会遭遇致命攻击,甚至因无法变化而导致穷途末路,血流遍野。

太极拳讲究"以柔克刚",初练者虽然想把动作变得轻柔,可往往配合不佳、动作僵硬,一遇到对方攻击,马上肌肉绷紧。而随着对太极拳理的深入体会和练习,防守时自然而然会动作轻柔,甚至渐渐达到能连绵不断、舍己从人、上虚下实、用意不用力的理想防守状态,但此时则须警惕掉入追求极致之柔的思维误区,忽视了"攻防意识",则会拳不成拳,防不胜防。

懂了"以柔克刚"的防守之道,让我们再来看看《周易》"乾"卦中的"攻"之道。

《乾》:元,亨,利,贞。
初九:潜龙,勿用。
九二:见龙在田,利见大人。
九三:君子终日乾乾,夕惕若。厉无咎。
九四:或跃在渊,无咎。
九五:飞龙在天,利见大人。
上九:亢龙,有悔。
用九:见群龙无首,吉。[1]

在"一力初生"的第一阶段(初九),《周易》告诫我们,应该像龙潜藏于水中那样,耐心等待时机而不是贸然攻击。

随着攻击能力的提高(九二),可以展示攻击招数,应对对方堂堂正正的攻击了(但对于对方的阴谋、暗招依然缺少对攻手段)。

如果白天勤奋努力、夜晚戒惧反省,经过反复练习,则可以让自己的攻击力上升到第三阶段(九三),此时你发出的攻击招式渐

---

[1] 任宪宝.周易.吉林文史出版社,2016年8月第一版.P1—4.

渐可以达到完美无缺的有效状态。

　　随着攻击力的进一步提升，已占据攻击优势时（九四），则需要保持如临深渊的谨慎心态，外刚而内柔，则不会出现失误，让对方找到反击的机会。

　　到了攻击能力占据明显优势的阶段（九五），则可以以我为主，大展拳脚，以堂堂正正之师攻伐（不应再要小聪明、小伎俩、贪图小利）。

　　而到自身攻击能力已达极致的阶段（上九），则反而可能出现意外灾难或孤立无援的窘境，升降两难，不能长久保持。须谨记刚而易折的客观规律，避免做出违背自然的事情来，一发而不可收拾。

辨阴阳得永年

　　明白了《周易》中的攻防之道，让我们再来看看《周易》"习坎卦"、"离卦"揭示的养生规律：

　　周易第29卦是"习坎卦"，"坎"在八卦中表示的是水，到了《周易》中，上下两个"坎卦"就组成了"习坎卦"。阐述了身陷险境如何冲破艰险的原则。

> 《习坎》：有孚维心，亨。行有尚。
> 初六，习坎，入于坎，窞，凶。
> 九二，坎有险，求小得。
> 六三，来之坎，坎险且枕，入于坎，窞，勿用。
> 六四，樽酒簋贰用缶，纳约自牖，终无咎。
> 九五，坎不盈，祗既平，无咎。
> 上六，系用徽纆，寘于丛棘，三岁不得，凶。[1]

---

[1] 任宪宝.周易.吉林文史出版社,2016年8月第一版.P104.

人的一生会遭遇各种各样的困难险阻，其中最常见的就是"疾病"，但同样是病，却有大小难易之别，碰上小病可能睡一觉就度过了，碰上大病则需要谨慎应对，否则很可能会有生命危险。而由"水"卦演变来的易经"习坎卦"则揭示了如何正确应对"大病"的规律：

大病初来时（初六），首先要意识到自己面临的重重险阻，意识到自己落入了"陷阱"，会有凶险发生。（不要盲目乐观，以为挺一挺就能度过）。

大病加深时（九二），可能出现病上加病的情况，此时则应从小处谋求改善身体状况、摆脱病魔的方法。（不应急于用猛药恢复健康）

病情已演变成长期疾病，病情既危险治疗难度又大时（九三），则不应贸然采取激进的治疗、进补手段。

病情略有好转时（九四），仍须保持高度警惕，一举一动都要谨慎，有如给囚禁者递送酒食一样，只能悄悄地从旁窗侧翼处递入，以免功亏一篑，前功尽弃。[1]

随着坚持小心治疗、养生保健、改善体质（九五），身体虽然还没有完全康复，但这样是不会出现过失的。

如果出现极为严重的病情（上六），像被人用绳索捆绑起来，并囚禁于荆棘丛中那样时，则需要做好长期应对的思想准备，可能要坚持多年才能摆脱病魔。

从养生角度看，人的衰老其实正是一生中最大的"病"，当内脏已经开始衰老时，很多人依然有着年轻的容颜、强健的肌肉。此时，盲目的乐观可能会让人们继续延续年轻时错误的生活习惯，导致内脏器官的加速衰老。而一些人到中年者此时往往是大练肌肉或者猛补身体，其实反而会加重内脏器官的衰老，倒不如进行些低强度的有氧运动，反而能让身体的衰老得到更好缓解。但参加了一些

---

[1] 任宪宝.周易.吉林文史出版社，2016年8月第一版.P107.

如太极拳运动等有氧运动后，人虽然能感到身体改善，却同样需要谨慎，避免回到过去那种高消耗的生活状态中去。坚持持续的有氧运动，虽然未必能停止衰老进程，但却是顺应自然的养生，不会有过错。而要改善已严重退化的生理机能，我们则更应有打持久战的定力，通过多年坚持锻炼，改善体质。

易经中的"习坎卦"由两个代表水的"坎卦"组成，而与之相对的易经"离卦"则是由两个八卦中代表"火"的离卦组成。阐述了追求光明的原则和规律。要追求健康阳光的身心，我们同样不妨借鉴下古人总结的经验规律。

《离》：利贞。亨。畜牝牛吉。
初九，履错然，敬之无咎。
六二，黄离，元吉。
九三，日昃之离，不鼓缶而歌，则大耋之嗟，凶。
九四，突如其来如，焚如，死如，弃如。
六五，出涕沱若，戚嗟若，吉。
上九，王用出征，有嘉折首，获匪其丑，无咎。[1]

从养生角度看，易经揭示的追求健康阳光之路首先是从谨慎面对自身贪欲开始的（初九），就像听到深夜传来一阵错杂的脚步声，就连忙戒备，则不会有过错。

随着健康生活方式的养成（六二），人会渐渐具有光明磊落的心态，若以柔顺中正相辅，便能起到最佳效果。

随着生命像夕阳那样逐渐日暮（六三），则不应过于刚健和沉迷快乐，而应看清形势的严峻凶险。

坚持追求健康光明，会突如其来得到顿悟，了解到生命的真相——"如"，即如如不动的"太极态"（九四），此时，要性烈如火，

---

[1] 任宪宝.周易.吉林文史出版社，2016年8月第一版，P108.

放弃意识、潜意识的我见我执,保持在"太极态"中至死不渝。对待贪欲等恶念则应像对待返家的不孝之子那样无情抛弃他(弃如)、用智慧之火焚烧他(焚如)、彻底灭杀他(死如)。

更进一步,深刻感知光明境界的"太极态",人会有劫后余生,泪流满面的感触(六五),这是顺应自然的好现象。

凭借这种感悟,就会像君王带领精锐之师出征那样,将丑陋的贪欲,阴暗的念头斩绝,但对一些微小的习性则要宽大处理,不能矫枉过正,才符合养生的正道。(上九)

2 000多年的古人智慧经验汇聚成为一本言简意赅的易经,很难仅仅从字面去理解其深刻的内涵,而太极拳却别出心裁,给了我们一条通过身体体悟来理解易经的南山捷径,这也正是百多年来,太极拳深受高端人群喜爱的深层原因。通过太极练习,我们将会一窥中国文化的底层密码,从而登堂入室,得到真正的中国智慧。

第八章

太极折叠劲训练：套路练习

解礼德向弟子解明翰传授太极活步推手

我们在《太极与养生》一章中谈到太极养生不妨先从"脚力"入手，其实，"脚力"的训练正是太极折叠劲训练的重要组成。

太极练习者大多都知道，太极练习有一个从画大圆到画中圆再到画小圆的循序渐进过程，而画大圆正是对练习太极折叠劲的形象描述。通过人体的折叠下蹲和手的折叠往复，我们就能让力的方向围绕人体重心形成一系列的大圆弧运动轨迹，而通过太极套路练习，可以让身体得到有效的折叠劲训练，更熟练掌握这些力的大圆弧变化，使练习者对太极搏击产生更深入的体验，同时也让练习者的身体肌肉群和筋膜拉伸产生良好的锻炼效果。

折叠劲练习可改善大腿肌肉群

太极套路练习中会反复出现全身折叠的深蹲动作，这是个复合的、全身性的练习动作，它可以训练到大腿、臀部、大腿后肌等一系列肌肉群。同时，对背部肌肉群也有一定的拉伸锻炼效果。

太极套路练习也会持续出现全身半折叠的屈膝动作，这一类动作可以持续对大腿、小腿肌肉群产生锻炼效果。

太极套路练习中还常出现单腿上提的单侧折叠动作，这一类动作则可用于对大腿肌肉群、腹部肌肉群的锻炼。

此外，上肢的折叠动作则可对胸部肌肉群、背部肌肉群、手臂肌肉群产生锻炼效果。

折叠劲练习可提升筋膜柔韧性

折叠劲有多强，看看大自然中的动物我们就可以知道。比如，肢体肌肉纤细的羚羊可以一下跳出3米高、10米远。赤大袋鼠甚至可以跳13米远。而这两种动物之所以动作迅速敏捷主要归功于它们的筋膜。正是这些动物身上那些具有弹性、能够产生弹性势能的肌腱储存了身体折叠的巨大能量。[1]

人体内同样分布着丰富的筋膜，这些附着在肌肉上的筋膜并不是完全平整的，而是略微呈现波浪状，因为这种结构，筋膜才能够储存能量。一般而言，随着年龄增加，波浪状结构会越来越不明显，但通过正确的训练则可以恢复。[2]

如前所述，陈式太极的套路练习中包含了大量折叠劲的训练，借助这些身体折叠动作，就可以让身体筋膜得到有效拉伸，从而延缓筋膜衰老，恢复其波浪结构，让人体筋膜重新获得优良的储能功能。

同时，人体筋膜中还存在一种非常特殊的神经感觉器官"鲁菲尼小体"，这种感觉器官主要负责感受时间较长的、变化中的、持续不断的压力刺激，且这种神经感觉器官与人体的本体感觉密切相关。（本体感觉就是人对于自身在空间中的位置以及运动的感知。）[3]通过太极折叠劲的训练，就可以缓慢而持续地刺激人体筋膜中的"鲁菲尼小体"，让人体对自身的空间运动产生更精准的感知。

现代筋膜学研究发现，我们身体其实是由不同的张力元素构成的整体性网络，由肌肉与筋膜构成了较大型的筋膜经线。其中最重要的有这样几根筋膜经线：

后表线：位于身体背面，从足部（足底筋膜）开始，往上经过背部、颈部和头部直到前额。

前表线：位于身体正面，从脚趾往上到盆骨，之后经过腹部和咽喉直到头部。

---

[1] 罗伯特·施莱普、约翰娜·拜尔.筋膜健身.北京科学技术出版社，2017.8第一版.P51.
[2] 同上，P50.
[3] 同上，P29.

体侧线：位于身体两侧，分别从脚后跟开始，经过脚踝外侧之后向上，沿着躯干侧面直到头部。

螺旋线：环绕在身体上，从前脚掌出发，经过小腿前侧向外转向小腿外侧，再分成两股，一股转向大腿后侧到尾闾与胯部脊柱相连，顺脊柱上行直到后脑颅骨。另一股则经大腿外侧重新绕到腹前交叉后上行至胸部，再外出到另一侧身体外侧，最后转到背部与肩胛骨相连。[1]

通过太极套路折叠劲的训练，这些人体关键筋膜经线都能得到不同程度的拉伸锻炼，从而改善人体整体筋膜网络的弹性。

太极套路练习中，全身折叠和起立时，会同时对后表线、体侧线、前表线产生作用。同时身体螺旋线也会不断微调以保持身体重心的平衡。

半折叠时，腿部前表线会得到强化训练，同时身体重心的移动也会促进螺旋线的锻炼。

单腿折叠时，则会让腿部、腹部前表线、后表线等获得强化训练，并让螺旋线处于高敏感度调整状态。

此外，陈式太极套路中的跌岔动作要求前腿伸直平铺于地面，脚尖上翘，后腿屈膝，膝关节内侧着地。这一动作可以让身体螺旋线得到高强度的训练，同时对腿部前表线、后表线、体侧线等都有较强拉伸效果。[2]

折叠劲练习一：起势

太极起势既包含全身折叠，又包含了半折叠和单腿折叠，是太极套路中练习折叠劲非常关键的一个动作。

一、单腿折叠：立身中正，两脚跟并拢，两脚尖略分呈外八

---

[1] 罗伯特·施莱普、约翰娜·拜尔.筋膜健身.北京科学技术出版社，2017.8第一版.P59—61.
[2] 乔熛、刘荣淦著.精功陈式太极拳.北京体育学院出版社，1990.10第一版.P64.

字，五指抓地。头顶百会穴上领，舌尖轻抵上颚，牙齿轻合，口微闭，两目平视前方，通过腹式呼吸，先让意念从头部慢慢下降，意守丹田，然后意念随着呼吸再渐渐下沉到两脚前脚掌的涌泉穴。

　　此时，双臂自然下垂于身体两侧，慢慢感知肩部放松、肘部放松、腕部放松、手心则面向身体内侧，拇指内合，其余四指并拢，小指向内与拇指相合。

　　重心从人体中线慢慢移向右脚掌涌泉穴，待右脚完全踩实后将左腿缓缓提起，（切记此时重心不可往上提，否则会出现明显的身体摇摆）。待左腿提到腹部后微抬左脚掌，使得原来自然下垂的左脚掌与地面平行，然后缓缓放下左腿，使两腿内侧与肩同宽，脚尖则微向外摆，身体重心回复到两脚涌泉穴连线的中点。

　　二、全身折叠：完成第一个单腿折叠动作后，缓缓呼气并伴随屈膝开始全身缓缓向下折叠，直到深蹲至胸部紧贴大腿。注意深蹲过程中，动作需要连绵不断，不出现顿挫、前倾，尤其是双脚脚跟不能离地，否则身体重心会过于前倾。

　　深蹲到底后两手手心转为向下，缓缓吸气，中指领劲，两手慢慢向前向上升起，手指微屈，指尖仿佛从黏稠的浆液中缓缓拔出来。两手随着身体上升，升至与肩平齐，手指此时也完全伸直。

　　三、半折叠：沉肩坠肘，随着身体再度慢慢下降到与丹田齐，同时松胯屈膝下蹲，两目始终平视前方，呼气，气沉

起势

 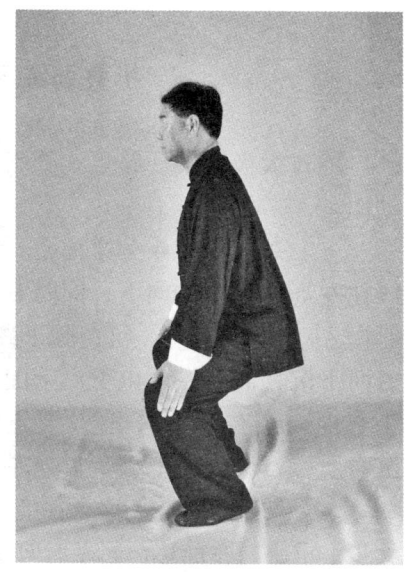

起势二　　　　　　　　　　　　起势三

丹田。

　　搏击作用：太极起势中的单腿折叠动作可以对正面来敌进行有效防御。一方面提膝可攻击对方腹部或防御对方对我腹部的攻击；另一方面也可用于躲开对方对我小腿部的下铲攻击，并蓄力为下蹬对方脚部做好准备。

　　太极起势中的全身折叠深蹲动作则可有效躲开正面来敌向我头部、上身的来拳，同样，对后方、侧方来敌击向我头部的来拳也可有效躲避。

　　太极起势中的全身半折叠动作是配合手部大圆弧运动的身体平衡动作，同时，当敌试图抓握控制我双手时，又可利用身体重心下移将敌方身体重心带向斜下方，使对手失去身体平衡。

　　养生作用：可以训练到大腿、臀部、大腿后肌等一系列肌肉群。同时可对人体筋膜经线的前表线、后表线、体侧线等产生较好锻炼效果，通过重心移动，也可锻炼螺旋线的敏感性。

折叠劲练习二：斜行

陈式太极老架一路第八式斜行同样是练习折叠劲的一个重要动作。

一、身体右旋后全身折叠：吸气，身体向左转，左手走下弧线往左下按，手心向下，同时右手随左手向左斜下推至胸前，手心向左前方。呼气，屈右膝下蹲到底（注意后脚跟不要离地），右肘下沉，同时左手由下而上随身体右转，右脚尖向右外摆，左手心向右，右手心向里。（要点：两手运转以腰带动，双逆缠，沉右肘，百会穴向上领，目视左前方。）

二、身体左旋后半折叠：接上势，呼气，左脚向左前方斜上一大步，重心向左前移，屈左肘向左膝前转过，左手至左膝时，五指捏齐向下向左上走弧线上提至左侧，同时右手随身由右下向左上走

斜行一

斜行二

第八章 太极折叠劲训练：套路练习　109

斜行三

斜行四

斜行五

弧线，护右耳推至左胸前。（要点：上左步时左脚跟贴地铲出，松左胯屈膝下沉，目视前方。）

三、单腿半折叠：接上势，吸气，重心后移，右腿屈膝下蹲，同时右手由左向右走上弧线至右前侧，掌心向前，目斜系右手。（要点：运转右手时以腰带动，松肩下沉。）

四、换重心单腿半折叠：接上势，呼气，重心前移，两手微向外开下沉，左手指捏齐下勾手，右手立掌手心向前，目视前方。（要点：头往上领,含胸塌腰,沉肘松肩,左脚在东南方,右脚在西北方,步斜身正。)[1]

搏击作用:假设敌从正面进攻,我则左引右击一掌。右将左蹬一脚。乘虚用左肩靠进击。以手护胸外开,气沉丹田。

养生作用:由于斜行中的身体折叠与身体旋转、侧弯须同时进行,因此这一动作对人体筋膜身侧经线和螺旋经线的锻炼强度远高于太极起势。

折叠劲练习三:跌岔

陈式太极老架一路第五十四式跌岔是练习折叠劲的一个较高难度动作,也是检验练习者通过折叠劲练习,在筋膜拉伸能力上是否实现整体突破的重要指标动作。

一、单腿折叠:吸气。以腰劲带领两手左上右下。两小臂合于胸前,右膝上提。右脚扣裆,目视左前方。(要点。左手心向下,右手心向上,心气下沉,左脚独立站稳。)

二、下肢折叠跌岔贴地:接上势,呼气,左脚蹬地,右脚下踏震脚,左脚里侧着地,下大身法向左前方铲出,右腿屈膝下大身法向里扣。同时两手左前右后,由上向下,向左右两侧伸展,目视左前方。(要点。面向正南方,两手心向下,左脚尖向右里合。)[2]

跌岔

搏击作用:继摆腿之后。

---

1 陈庆州著.陈氏太极拳功夫荟萃.中华书局,2002.3第一版.P54.
2 陈庆州著.陈氏太极拳功夫荟萃.中华书局,2002.3第一版.P118.

跌岔为腾闪结合。设对方用扫腿擦地向我左腿扫来。我则左腿上跳，让其扫空，当对方被引空之后。随用右拳横击我头。我则向下闪之。趁机震右脚，左脚铲地，蹬其下部，双手外展护我前后。

养生作用：这一动作可以让身体螺旋线得到高强度的训练，同时对腿部前表线、后表线、体侧线等都有较强拉伸效果。

第九章

太极丹田劲训练：太极球入门九式

解礼德向来华学习的南美洲学员展示丹田劲发劲技巧

通过太极折叠劲的训练，大家可以熟练掌握太极画大圆的功夫，从搏击角度看，就有了近身搏斗的第一层功力，凭借身体肌肉、筋膜的灵活性，可以较好占据攻防优势。

从养生角度看，随着腿部肌肉的力量提升、人体筋膜经线的柔韧性提升，也可以初步改善循环系统和肾脏功能，但这只是为搏击和养生打下"外门"基础。

进一步提高搏击能力或改善身体内脏功能，则需要在太极丹田劲上下苦功，学会画"中圆"，这样，当敌人抢入身体50厘米范围内，占据"势"时，才能够瞬发丹田劲，通过螺旋的丹田劲将对方攻来的力量引入空门，从而重新夺回"势"。同时，丹田位置也正是人体内脏、内脏筋膜网和人体经络交汇最密集的区域，通过丹田旋转、蓄力练习，则可以大大改善内脏筋膜群的各项功能，对内脏按摩，乃至丹田气海蓄能都有莫大好处。

太极球入门九式简介

早在太极拳创设之前，中国古人其实已经开发出许多种丹田劲的训练方法，从流传至今的武当内功、少林内功、八段锦等功法中，我们都能或多或少发现丹田劲的训练痕迹。而陈氏太极拳的历代名家则创造传承了一种很独特的太极丹田劲练习方法，即"行功太极球"训练法。从陈家沟发现的历史文物和资料记载看，太极球训练法早在明代就已开始运用。[1]由于这种方法非常直观易学，训练效果也很显著，所以得到历代太极练习者的青睐。

我有幸蒙陈庆州大师悉心传授这一功法，受益良多，不敢藏私，现把其略作简化后收录在此书中，希望更多太极爱好者能够早日得窥太极内门密奥。

从搏击角度看，通过太极球训练可以实现这样几个目的：

---

1 陈庆州著.陈氏太极拳功夫荟萃.中华书局，2002.3第一版.P18.

首先，通过太极球训练可以较快掌握人体在8个方向失去平衡时如何挽回平衡的基础问题。

太极球训练方法脱胎于易经八卦，其将人体方位根据乾坤（前后）、离坎（左右）、兑艮（左斜前方、右后斜方）、巽震（右斜前方、左后斜方）分为8个方向，通过太极球在这八个方向的离心运动，带动身体重心变化，让练习者适应不同方向外力牵引下让身体迅速恢复平衡的方法，并转化为一种无须意识判断的身体本能。

其次，通过太极球训练，也能较快模拟出人体腹部上下左右前后螺旋转动产生的螺旋劲，并将这种螺旋劲瞬时外发到腹部体表和两手指端。

此外，通过体验腹部丹田的蓄力发力过程，渐渐提升丹田内转的功底，内转功底越高，外边肌肤听劲敏感越灵，旋转走化及时，蓄劲越紧，爆发劲越猛，则会使对方被引空击出越远。[1]

从养生角度看，人体腹部的筋膜包覆着腹部内脏，区隔了胸腔和腹腔，但随着年龄增加其弹性同样会日渐下降，从而导致胃下垂、横隔膜弹性降低等众多问题。而通过运转太极球带动胸腹及背部肌肉、筋膜、内脏做复杂的螺旋运动，则能较好改善相关肌肉群、筋膜功能，畅通经络，起到医疗保健按摩作用。

现代生物学研究发现，人体筋膜中除了此前提到的"鲁非尼小体"外还存在"游离神经末梢"等感觉器官。这种感觉器官与自主神经系统相连。而自主神经系统主要负责不受意志控制的运动和活动，如消化活动、循环系统等，游离神经末梢不仅接受压力刺激，还接受疼痛的刺激[2]，当我们做太极球训练时，内脏筋膜上的"游离神经末梢"就会把内脏旋转带来的压力变化不断传向自主神经系统，使自主神经系统活跃和敏感，从而带动消化系统功能的改善，

---

1 陈庆州著.陈氏太极拳功夫荟萃.中华书局，2002.3第一版.P20.
2 罗伯特·施莱普、约翰娜·拜尔.筋膜健身.北京科学技术出版社，2017.8第一版.P29.

而筋膜牵拉过程中产生的痛觉也会刺激自主神经系统去主动修复内脏筋膜网的老化部分。

从太极球练习者的实践看，这种练习对胃病、神经性胸闷等疾病有较好疗效。[1]

太极球入门九式练习一：太极吸珠

双足站立，同肩宽。双手垂于身体两侧，沉肩落肘，气沉丹田。虚领顶劲，目视正前方，含胸塌腰，双腿下蹲到底，双手抱球缓缓起立，蓄力待转。注意身体重心应在两脚掌的涌泉穴连线中点，抱球缓缓上升时，则要注意身体始终保持中正，体会重心有无前倾、后仰或左右偏移，臀部也注意要向尾闾内扣而

太极吸珠一

太极吸珠二

1 陈庆州著.陈氏太极功夫荟萃.中华书局，2002.3第一版.P21.

非外翘,将身体折叠劲蓄于腿部、腰腹、背部随时准备外发。长期练习,能较好掌握抱球上升时的身体重心。控制后,则须细细体会抱球上升时,心气同时下降,沉于丹田,蓄内劲收于丹田的感觉。

太极球入门九式练习二:左右哪吒闹海

双足五趾抓地,以丹田发劲,双手托球先由身体中线至左,然后由左下画向外的圆弧缓缓向上回到身体中线再继续向右画圆,在胸腹部绕圆旋转滚动9圈,转圈时先画小圈后画大圈,渐渐增加身体左右平衡的难度。9圈后,则由身体中线向右运球,由右下向右上方外侧画圆,在胸腹部逆向绕圆旋转滚动9圈,同样须先画小圈

左右哪吒闹海一

左右哪吒闹海二

后画大圈，渐渐增加身体平衡的难度。

双手向左右两侧画圆时，应始终保持身体重心在双脚两脚掌的涌泉穴连线间左右滑动，避免身体前倾或后仰。

由于太极球的重量和移动轨迹，身体重心会相应左倾和右倾，平时练习时须预判下一刻身体重心偏移的趋势，然后反向利用身体重心在双脚之间反向的提前转移，对此进行平衡，久而久之，则能达到无意识控制身体本能调整的效果，这在搏击中对保持身体运动中的平衡非常关键。

此外，左右哪吒闹海时，将沉重静止的太极球瞬间带动时可以细细体会身体整劲、丹田劲如何外放。将沉重的太极球带动画弧时也可以慢慢体会太极动作刚柔相济、顺势利导的妙处。

太极球入门九式练习三：左右乾坤套月

蓄劲外发，以腰为轴，由腰部向左螺旋劲带动手臂外放旋转，推动太极球先顺缠向左外侧横转，后通过手臂收缩，将太极球从水平方向画圆收回丹田部位。蓄劲时球紧贴腹部，发劲至身体最外侧时球离腹部约20厘米。由右向左转动9圈。

9圈转好后则重新蓄劲，以腰为轴，由腰部向右螺旋劲带动手臂外放旋转，推动太极球

腿随太极球外转渐渐踩实，两臂由左向右逆缠，忽隐忽现横转9圈，球转至里时，蓄

左右乾坤套月一

左右乾坤套月二　　　　　　　左右乾坤套月三

劲、吸气；转至外时发劲、呼气。训练时要注意发劲与回劲的刚柔变化。

太极球入门九式练习四：霸王举鼎

　　膝盖弯屈，运用丹田蓄劲，将太极球缓缓向上力举过头，体会腿部力量经腰胯上发至双肩、双臂、双手末端的全过程，直到双腿双臂完全挺直，太极球被举至最高处。然后以腰带动身体缓缓下蹲，双臂将太极球缓缓降落至腹前，继续下蹲至膝盖完全弯曲。重复这一升降动作连续9次。注意太极球上升过程中人体重心不能过于前倾或后仰，下蹲过程中脚后跟也不应离地，始终保持身体的平衡。

第九章 太极丹田劲训练：太极球入门九式

霸王举鼎一

霸王举鼎二

霸王举鼎三

太极球入门九式练习五：左右韦陀献杵

左右韦陀献杵一

双手举球自头顶下落到丹田，左足向左前方上半步，丹田发劲使太极球向左前方击发，然后向下圆转收回丹田，连续击发9次。

将球转回丹田，跨右足向右前方斜上半步，由左而右，由里向外螺旋发力运转9圈。注意蓄劲时将球收回紧贴丹田，外发时球则离身约30厘米。随着蓄、发运转，两腿则相应变换虚实，始终保持身体的平衡。体会力从后腿脚后跟发出，经

左右韦陀献杵二

左右韦陀献杵三

丹田蓄力爆发而至双手末端的整个过程。

太极球入门九式练习六：引珠入洞

将左足收起，提左膝护裆。右手托球，右足独立站稳。左手侧面扶球至腹部。含胸塌腰，百会穴上领，引导太极球由外及内转动，使腹内感觉同样有圆球在转动。

引珠入洞

太极球入门九式练习七：左右托千斤

将球缓缓向左肩上方托起，直到转至左手托球，右手前下侧虚掩护球。左足踏实独立站稳，将右足提起扣裆，形成大虚大实。百会穴领劲，双目平视，呼吸自然，静从动中入，气归于丹田。

将球回落至腹前然后缓缓向右肩上方托起，直到转为右手托球，左手前下侧虚掩护球，同时重心移至右足涌泉穴，右足独立站稳，左足提起扣裆，沉心静气。虚领顶劲，双目平视。内气运转，不偏不倚。外示安逸，内固精神。

左右托千斤一　　　　　　　　左右托千斤二

太极球入门九式练习八：
火蛛斗龙

　　双膝微屈，将太极球托于腹前，两腿发力，经腰腹蓄力后瞬间发劲将太极球向上抛起，待球下跌后双手接球，顺势下蹲，将自上而下的太极球重力缓缓消去。连续收发9次。

　　初练时不宜将球抛太高，发劲勿过猛，以免导致太极球上抛路线偏差，影响接球安全性。抛接球时须精心专注，注

火蛛斗龙一

第九章 太极丹田劲训练：太极球入门九式 **125**

火蛛斗龙二

火蛛斗龙三

意勿伤手足。身心疲劳时不宜练习此式。

随着功力日深，可逐渐提高抛接高度，并加大太极球上抛时由外向里的旋转速度，加大接球难度，这样一方面可锻炼懂劲功力；另一方面则可训练出越来越强的丹田爆发力。

太极球入门九式练习九：收势

接上势火蛛斗龙，太极球抖第九次后双手接球至丹田，立身中正，平心静气，全身放松，双目微闭片刻，含胸塌腰，双腿下蹲将球放至地面。双腿缓缓伸直，两手从身体两侧缓缓画弧高举至头顶百会穴上方，然后沿身前任脉缓缓下压至丹田，再向下外摆后缓缓画弧高举至头顶百会穴上方后收至丹田，连续三次，观想使外发之气劲从身体外侧经百会穴、任脉回到丹田气海，全身穴位全部关闭。

第十章
太极缠丝劲训练：太极行功棒入门九式

解礼德给非洲来华学员传授陈式太极剑

太极缠丝劲一向被称为陈式太极拳的精髓[1]。它内缠、外缠、左缠、右缠、上缠、下缠，周身无处不缠丝。让对手抓无可抓之处，逃无可逃之机，全身劲力如陷入泥潭而无力自拔。因此，训练太极缠丝劲是掌握太极拳法的关键。

通过太极丹田劲的训练，大家会渐渐熟练掌握太极画中圆的功夫，此时再打出掤、捋、挤、按、采、挒、肘、靠八法时，就能感受到与以前不一样的"整体感"、"内力感"，但要真正实现"四两拨千斤"的太极妙手，还需要在太极缠丝劲上下苦功。这样才能将全身的折叠劲、螺旋劲巧妙地发至身体末梢的掌指之间，用最少的力量优势一举实现克敌之效。也就是练出太极画小圆的高级功夫！

而从养生角度看，太极缠丝劲的训练则会带动人体背部、肩部、肘部、腕部、掌部和手指肌肉、肌腱作螺旋运动，对预防颈椎病、肩周炎等常见疾病很有帮助。比如，在手臂顺缠、逆缠时，位于肩部深处的回旋肌腱群（肩胛下肌、冈上肌、冈下肌、小圆肌）就能得到有效伸展[2]，从而改善这些肌腱群的微循环、预防血脉不畅导致的肩部酸痛。

更重要的是，人体手臂各部位还分别对应着手太阴肺经、手阳明大肠经、手厥阴心包经、手少阴心经、手少阳三焦经、手太阳小肠经六条十分重要的人体经络[3]，密布着数十个重要穴位。太极缠丝劲的训练过程其实就是对这些经络的疏通、刺激和按摩过程，从而可以用很简易的方法来改善人体循环系统、消化系统、呼吸系统、

---

1 乔熛、刘荣淦著.精功陈式太极拳.北京体育大学出版社，1990.10，第一版.P59.
2 荒川裕志著.拉伸全书.人民邮电出版社，2015.6，第一版.P98.
3 赵萌编著.头部足部穴道按摩方法.天津科学技术出版社，2017.8，第一版.P68—90.

免疫系统的脏器功能。

太极行功棒入门九式简介

要实现"四两拨千斤",其实是有前提的,那就是你腕部的"四两之力"要胜过对方腕部的"四两之力",这样,才能通过旋转让对方的全身之力无用武之处,达到"拿、化"的实战目的。而这就需要在平时有意识训练腕部螺旋力,并练习这种螺旋力和全身力量的整体配合。这也正是太极行功棒这种特殊练习工具被陈家沟历代太极大师推崇和传承下来的原因。

太极行功棒一般由果木制成,呈钝角三角形,长约18厘米,中间钝角顶与底边的高约为8厘米。这种钝角木棒和手腕很相似,演练者双手握住钝角两边时,可以把一侧视作自己的手腕,另一侧则可视作敌方的手腕,当两手朝不同方向用力时,就能形象模拟出格斗中双方腕部螺旋力的相持状态,进一步则可练习如何通过缠丝化解对方腕部传来的螺旋力,实现擒拿对方的目的。

其中被握、合、双合时的太极行功棒可以当做对方的手腕。被化解的太极行功棒一端则可当做自己的手腕。也可以左拿当对方,右化当自己。

在整个太极行功棒练习中,无论是弹抖、缠截,都是以丹田螺旋、缠丝而变化,在引劲落空之时将自己的劲蓄好,达到蓄而后发的效果。

通过太极行功棒练习特别能体会到太极缠丝劲刚柔相济的真正内涵。貌似柔弱的太极缠丝劲往往一刹那间就转变为至刚的瞬发腕部螺旋劲,克敌于转瞬之间。正如太极大师陈长兴在《太极拳十大要论》中所言:"用刚不可无柔,无柔则环绕不速;用柔不可无刚,无刚则催逼不捷。刚柔相济,则粘、游、连、随、腾、闪、摺、空、掤、捋、挤、捺无不得其自然矣！"

我有幸蒙陈庆州大师悉心传授这一功法，体会到使用太极行功棒对练迅速掌握太极缠丝劲实战功能的独特效果，现把其略作简化后收录在此书中，希望更多太极爱好者能够早日掌握太极拿、化秘诀。

太极行功棒入门九式练习一：左右握棒活腕

站立当场，平心静气。左手当做对方握棒一端同右手腕放齐，另一端同右前臂放齐。右手腕结合腰部随着左手握棒内合，灵活自然"走化"。

换右手当做对方握棒一端同左手腕放齐，左手腕随着右手握棒内传，自然变化，顺势化解右手来力。

太极行功棒入门九式练习二：举鼎外抖

双手握棒，两端举过头顶，里合时蓄劲蓄紧，外抖时发劲发尽。

太极行功棒入门九式练习三：左三路合

左上路右合：斜上左步，左手在前，右手在后，握棒两端，棒同肩齐，右合左化。

左中路右顺合：左中路右顺合，两足不动，双手握棒下降至与脐平，右合左化。

双合下势：两足不动，两手握棒下降至与裆齐，左手逆缠，右手顺缠，将棒当做对方的手腕，右手合劲，左手截对方的劲路，不让其走化。

左右握棒活腕

举鼎外抖

左三路合

太极行功棒入门九式练习四：右三路合

右上路左合：左足收与右足齐，右足向右前方斜上一步，右手在前，左手在后，棒同肩平，左手当做对方，右手当做自己，左合右化。

右中路左逆合：两足不动，双手握棒下降与脐平，左手逆缠合劲，右手化劲。

双合下势：两足不动，两手握棒下降至与裆齐，将棒当做对方手腕，左手逆合，右手顺合，断其劲路。

右三路合

太极行功棒入门九式练习五：左右内引外发

右足后收半步，离左足一尺。将棒当做对方双手，随着对方进攻，向里引，含胸塌腰。蓄而后发。（此势与老架一路的上步七星相似）

左足再后收一步，离右足一尺。将棒当做对方双手，横握棒向里引，身体下塌蓄劲，以腰带动向外发。

太极行功棒入门九式练习六：左右开步化击

左开步化击：两足站立，右手当做对方缠合，左手当做自己，同时左足向左方上步，打左肩靠。

右开步化击：两足站齐，左手当做对方逆缠合劲，自己右手被拿，顺势走化，同时上右步，右肩进攻。

左右内引外发一

左右内引外发二

左右开步化击一

左右开步化击二

太极行功棒入门九式练习七：左右合肘

将棒当做对方手、腕、肘，一端当做右肘，立于自己左肘弯，右手下合，如对方反抗并用左手拉开，可将右手转交左手下合，对方越顶越痛，从左方跌倒。同对方演练时须注意防止意外伤害。

左右合肘一

左右合肘二

太极行功棒入门九式练习八：下塌弹抖

将棒当做对方，两足站齐，双手横握棒，假设对方用手进攻，右步后退半步，里引"内合"，蓄劲"外抖"。

下塌弹抖一　　　　　　　　下塌弹抖二

太极行功棒入门九式练习九：左右缠截

左缠截：将棒当做对方右腕，横置于自己左胳膊内扣；自己左手腕由里向外逆缠，右手同时握棒当做对方右手截其劲路，自身下塌双合，使其越反抗越疼痛，至对方跪倒在地。演练时须注意防止意外伤害。

右缠截：将棒当做对方左腕，横置于自己右胳膊内扣；自己右手腕由里向外逆缠，左手同时握棒当做对方左手截其劲路，自身下塌双合，使其越反抗越疼痛，至对方跪倒在地。演练时须注意防止意外伤害。

棒归右手，立正站稳，左手扶丹田内传9圈，轻松活便，气归丹田。[1]

---

1 陈庆州著.陈氏太极功夫荟萃.中华书局，2002.3，第一版.P28—P34.

第十章 太极缠丝劲训练：太极行功棒入门九式　　137

左右缠截一

左右缠截二

第十一章

武当养生功法训练（上篇）：武当明目功

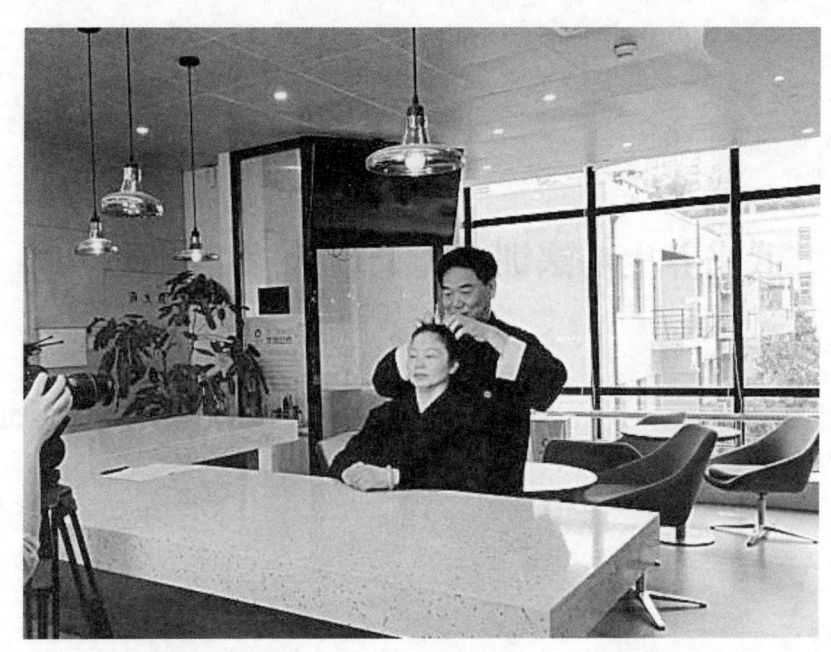

解礼德、陈榕应邀赴上海报业集团大厦拍摄武当明目功简化套路短视频

武侠小说中形容武林高手时常常用到一个成语"眼疾手快"。事实上中国传统武术中也确实有专门的内家功夫来练习眼力。陆国柱师父在向我传授这一功法时介绍，该法是早年间武当山先辈师尊下山巡游时发现不少武林门派中均有这种训练眼力的功法，感到非常实用，方才苦学后带回武当山的。如今陆国柱师父已89岁高龄，却依然目光如炬，可以轻松看清手机微信上的小字，可见这一功法神奇之处。从我本人体会，这一功法所花时间并不多，一般20分钟左右就可完成全套动作，而只须认真练习，约半年左右就能使自己的视力得到较明显的改善。

从中医角度看，瞳仁属肾之精，黑眼属肝之精，眦内血络属心之精，眼白属肺之精，眼睑属脾之精，眼睛视力关系到肝、肾、心、肺、脾等的精气运行，且上连于大脑[1]，对眼部经络、穴位的疏通、按摩，同样会对人体相关内脏系统产生正面的改善作用。

一、功法简介

武当气功，流传千年，既有强身自卫之功，又有延年益寿之效，素有"南尊武当，北崇少林"之称。习武者若要达到强身健体，必须耳聪目明，故明目功在武术、气功锻炼中，占有很重要的地位。青少年学习、功课压力大；成年人工作事业紧张，若不重视眼睛的保健和锻炼，不必到了中年以后，视力会快速退化，造成学习、工作、生活极大的不便。武当明目功简单易学，不受场地、时间的限制，午休间歇或乘车时都可以进行锻炼，更不需要借助任何器材，对于治疗近视、远视、散光等眼疾具有一定的疗效，对视力正常的人，也有保健作用。

---

[1] 马烈光著.黄帝内经九讲精要、化学工业出版社，2016.10，第一版.p142.

二、武当明目功的理论基础

武当明目功主要以中医学的经穴理论为基础，配合吐纳、意念及一系列的导引手法，形成一套完整的功法。此功法源自武当派传统养生健身功法，由沪上知名武术家、武当龙门派第25代传人陆国柱所传承，后陆国柱师父又把这一功法传给了我。

武当明目功，主要是通过"调心、调意、调气"，打通任督二脉，结合点穴（穴位按摩）手法，让内气腾然，气血通畅，让眼部周围的气血周流、循环不息、行气通瘀，达到明目的保健和治疗作用。与校园里的眼保健操有异曲同工之妙，而武当明目功因为还结合了吐纳、意念、导引手法，所以更胜一筹。

三、武当明目功的修炼方法

第一招　意守印堂

1. 身法站姿：两脚开立，与肩同宽或稍宽（或自然盘坐）；
2. 呼吸方法：自然呼吸，眼睛微闭，思想入静，两臂自然松垂于身体两侧，松肩沉肘，心气下沉，上虚下实，气沉丹田，调匀呼吸，初习者可先采用自然呼吸，待达到一定程度再转换为腹式呼吸。（腹式呼吸法：吸气时，用鼻吸气入腹，此时神阙和命门部位鼓起，充实于气海（脐下丹田处），缓缓吸气，要求要细、长、匀、缓；然后口微张，缓缓吐出气来，吐气时仍要求细、长、匀、缓，此时神阙和命门部位缩回）；
3. 手法：开始吸气时，两手掌心向上缓缓捧起，捧至胸前；而后翻转掌心朝下，一面吐气，一面将两手掌在面前缓缓落下；
4. 意念的配合：当吸气两手上捧的同时，足趾腹抓地、提肛闭门、舌抵上颚，以意念导引，将气从会阴绕至身后的长强上至命门、顺脊而上至百会穴，再引至两眉之中的印堂（此为督脉的运行路线），开始意守印堂，使内气绵绵不断贯入，此即意与气合的表现，思想要高度集中，一心一意，绝无杂念；然后吐气两手落下的同时，松开舌头，口微张，全身放松，心气下沉，缓缓吐气后借由松沉而气沉丹田，同时以意念导引，使气从印堂经人中下行唇下方的承浆开始沿着中线，垂直向下，经檀中、神阙下至气海（丹田），此为任脉的导引路径。提肛闭门的动作是为了让导引路径能顺利联通任脉到督脉而无阻断，舌抵上颚目的是为了联通督脉顺利通往任脉而为之，使任督二脉，打通链接，二脉气血循环，周流不息；

5. 练习次数：一呼一吸为一次，共需连续练习36次，始进行下一招式。（如果时间不允许，至少9次，以下同）

第二招　意守两目

1. 身法站姿：与第一招相同；
2. 呼吸方法：与第一招相同；
3. 手法：与第一招相同；
4. 意念：与第一招相同，但意守两目，不在印堂，其余相同；
5. 练习次数：反复练习36次。

第三招　开合明目

1. 身法站姿：与第一招相同；
2. 呼吸方法：与第一招相同；
3. 手法：与第一招相同；
4. 意念：与第二招相同，意守两目，吸气时把眼睛睁大，注视远处一个目标，吐气时把目光收回，注视眼前近处的目标，其余相同；如此交替，使得眼部的晶体跟着增厚或变薄，牵引着晶体的睫状肌受到刺激，逐渐柔软，使其恢复调节远近的功能，恢复视力；
5. 练习次数：反复练习36次。

第四招　松紧明目

1. 身法站姿：与第一招相同；
2. 呼吸方法：与第一招相同；
3. 手法：与第一招相同；
4. 意念：与第三招相同，意守两目，吸气时把眼球收紧，吐气时把眼球放松，其余相同；其功效与第三招相同；
5. 练习次数：反复练习36次。

第五招　引气熨目

引气熨目

1. 身法站姿：与第一招相同；
2. 呼吸方法：自然呼吸；
3. 手法：意守劳宫穴及两目，用两手掌心的劳宫穴，横对着两眉的攒竹穴、鱼腰穴、丝竹空穴贯气15秒钟（掌心离穴位约5厘米）；然后再以两手掌心覆盖于两眼贯气15秒钟（指尖朝上。此时两掌与两眼均会产生热感，使外气贯入眼中，通达气血），然后两臂缓缓落下回复原姿势。
4. 意念：意守劳宫穴及两目；
5. 练习次数：反复练习12次。

第六招　点穴明目

1. 身法站姿：与第一招相同；

2. 呼吸方法：与第一招相同；

3. 手法：用两手食指或大拇指的指尖按穴位，力道由轻渐渐加重；

4. 意念：闭目，意守两目。

穴　　位

1. 攒竹穴：在两眉的眉头凹陷处，用两手食指尖同时取穴，按的时候吸气，松手时吐气，36次后轻轻地揉一揉；

攒竹穴属于足太阳膀胱经，这一经络统领一身阳气，是气血上输脑部的要道，也是人体最大的排毒通道，经常按摩这一穴位不但可以改善眼部气血运行，同时也能改善大脑功能，改善消化功能，缓解腰、背、肩筋肉痛、关节痛等。[1]

2. 天应穴：在攒竹穴下面，框骨内角处，用两手大拇指尖同时取穴，按的时候吸气，松手时吐气，36次后轻轻地揉一揉；

天应穴又名阿是穴，属不定穴。[2]

3. 睛明穴：在两眼内角0.1寸处，用右手大拇指与食指尖同时取穴，按的时候吸气，松手时吐气，36次后轻轻地揉一揉；

睛明穴也属于足太阳膀胱经，且为手足太阳、足阳明、阳跷、阴跷等经脉之会。改善视力功能与攒竹穴类似。[3]中医认为阳跷、阴跷交汇点是人体卫气循行交汇之所，是人体一个调节小系统。阳气盛则瞋目、阴气盛则瞑目，阴阳平衡则精神焕发。[4]

4. 四白穴：在两眼瞳孔直下，眼眶骨下面凹陷处，用两手

---

1 赵萌编著.头部足部穴道按摩方法.天津科学技术出版社，2017.8，第一版.P83—84.
2 《扁鹊神应针灸玉龙经》："不定穴，又名天应穴，但疼痛便针。"
3 赵萌编著.头部足部穴道按摩方法.天津科学出版社，2017.8，第一版.P141—142.
4 马烈光黄帝内经九讲精要.化学工业出版社，2016.10，第一版.p193.

攒竹穴点穴明目

第十一章 武当养生功法训练（上篇）：武当明目功　147

攒竹穴

天应穴

睛明穴点穴明目

睛明穴

四白穴

食指尖同时取穴，按的时候吸气，松手时吐气，36次后轻轻地揉一揉；

四白穴属于胃经，经常按摩这一穴位不但可以改善眼部气血运行，同时也能改善胃肠功能，预防胃病。[1]

5. 承泣穴：在两眼瞳孔直下，眼眶骨下缘与眼球之间，用两手食指尖同时取穴，按的时候吸气，松手时吐气，36次后轻轻地揉一揉；

承泣穴也属于胃经，坚持按摩能疏通筋络，减轻眼肌紧张和疲劳。经常按摩这一穴位不但可以改善眼部气血运行，同时也能改善胃肠功能，预防胃病。[2]

承泣穴

6. 鱼腰穴：在眉毛正中间，用两手大拇指尖同时取穴，按的时候吸气，松手时吐气，36次后轻轻地揉一揉；

对于眼睛视物的功能，作用最强的就包括鱼腰穴，另外其还有镇静安神，治疗面神经麻痹、三叉神经痛等疾病的作用。[3]

7. 丝竹空穴：在眉毛的尾端，眉棱骨凹陷处，用两手大拇指尖同时取穴，按的时候吸气，松手时吐气，36次后轻轻地揉一揉；

丝竹空穴位于三焦经的终点，经常刺激三焦经不但能改善眼部气血运行，还能改善颈部淋巴、甲状腺等免疫系统功能。[4]

---

[1] 赵萌编著.头部足部穴道按摩方法.天津科学技术出版社，2017.8，第一版.P121—P123.
[2] 同上，P122—P123.
[3] 同上，P203—P204.
[4] 同上，P89—P90.

8. 瞳子髎穴：在两眼外角0.5寸，眼眶骨凹陷处，用两手大拇指尖同时取穴，按的时候吸气，松手时吐气，36次后轻轻地揉一揉；

瞳子髎穴属于胆经，经常按摩这一穴位不但可以改善眼部气血运行，同时也能改善肝胆的功能。[1]

9. 太阳穴：闭目，用两手大拇指的指腹按住太阳穴，同时用两手食指的指腹轻轻地贴在眼皮上，轻轻地揉36次；

太阳穴是人体阳气最旺盛的地方，也是人们最熟悉的一个经外奇穴。按摩太阳穴既能改善眼部微循环，同时对脑部疼痛也有很好的治疗效果。[2]

10. 猫儿洗脸：两手掌心搓热，吸气时，两手掌心由两脸颊直上，经眼睛至发际；吐气时，两手指尖按住头皮向后抓，至后颈则用掌心摩颈。反复做36次，完成练习。

---

[1] 赵萌编著.头部足部穴道按摩方法.天津科学技术出版社，2017.8，第一版.P69.
[2] 赵萌编著.P206—207，P90.

鱼腰穴点穴明目

第十一章 武当养生功法训练(上篇):武当明目功

鱼腰穴

丝竹空

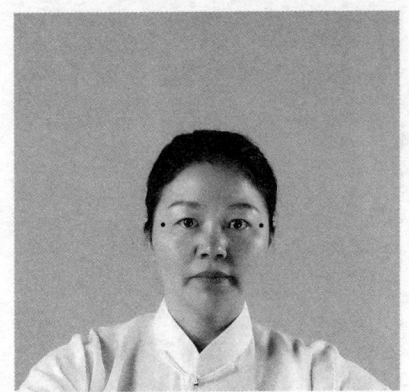

瞳子髎穴

太阳穴

第十一章 武当养生功法训练（上篇）：武当明目功　155

猫儿洗脸

第十二章

武当养生功法训练（中篇）：武当太极养生法（站式与坐式）

玻利维亚前外长、玻武协主席费尔南多来沪时拜会陆国柱先生

中国传统养生功法其实并不神秘，它源于原始部落的集体舞。[1]《吕氏春秋古乐》中记载："昔陶唐（尧）之始，阴多滞伏而湛积，水道壅塞，不行其源，民气郁阏而滞着，筋骨瑟缩不达，故作为舞以宣导之。"

数千年后的今天，我们在大都市的舞厅里依然可以看到这种最原始的养生功法，这就是传自非洲原始部落的"蹦迪"，当一个人身体完全放松下来，随着节奏音乐蹦跳时，身体内淤塞的经络就会渐渐松解，人体各部位的微循环会渐渐恢复，吸入身体的氧气和消化系统吸收的营养能更顺畅流动到人体细胞中去，也能将更多细胞代谢的毒素从汗腺排出体外。

但华夏民族并没有把改善身体健康的希望仅仅停留在这种原始的部落舞蹈上，到春秋战国时这种利用呼吸+身体动作改善人体微循环的方法大大改进，并有了更准确的名字——"导引"。《庄子刻意》中就记载："吹呴呼吸，吐故纳新，熊经鸟伸，为寿而已矣。此导引之士，养形之人，彭祖寿考者之所好也。"

随着天文技术、中医治疗术、武术训练等数千年的经验积累，中华民族发现了自然界阴阳变化的复杂规律（《易经》）、发现了人体经络运行的秘密（《黄帝内经》），并将这些理论不断运用到养生导引术的实践中去。

中华文明漫长的数千年发展中，无数先贤大德为中华民族留下了五禽戏、八段锦、易筋经等众多养生导引功法，名闻天下的武当养生功法正是其中璀璨夺目的一支。

陆国柱大师传授我的《武当太极养生八法》和《武当太极禅功十三式》正是源于武当导引吐纳术的一套放松、导引方法，今天我

---

[1] 马济人主编.实用中医气功学.上海科学技术出版社，1992年9月，第一版.P6—P7.

将其详细介绍给大家,希望这样的中华传统智慧可以传承下去,让现代人不用再仅靠原始的部落舞来改善身体内的微循环。

武当太极养生八法(站式练习法)

一、老君炼丹

老君炼丹

功法:自然站立。两腿与两肩平、两手臂左右伸展、成一字平行。掌心向下。两臂手掌向下翻,大拇指上挠,两手掌心面朝前。两臂曲肘弯向胸前,略停一秒钟,成胸前抱球状。两手臂各向左右拉开。拉开时,从小幅度逐渐加大,一收一放,共九次。两手臂拉开时,意念劳宫穴,鼻吸口呼。

收功:将两手臂各向左右伸展,手掌心成凹形,掌心向上,伸展成一字形时,反转掌心,手背向上。两手臂从胸前檀中穴前方放下。两手臂各下垂成站立式。

功效:培养元气,使丹田内气充盈,打通小周天,加速血液循环,提高免废功能,增强体质,且不易感冒。

二、观音降雨

功法:自然站立,两手臂向左右伸展,成一字平行式,掌心向下,翻转左右手掌,掌心向上,十指松开,掌心成凹形。意念守在劳宫穴,想象两手掌劳宫穴在接收天地之气,两手臂弯向头顶心。左右手掌中指对接，掌背向上，想象接天气，想象内外劳宫穴串连外气，向百会穴灌气。三秒钟，两手臂沿天目穴下行至人中穴。此时舌顶上颚，经承浆穴下行至胸前两乳中间檀中穴至气海穴到达丹田。两手掌心劳宫穴护神阙穴，使外气存储入丹田。三秒钟后，两手臂分开伸展成一字平行，恢复前式反复九次。

功理：天、地、人合一，使宇宙外气灌入体内丹田，打通任督二脉，加速新陈代谢。使病气入地，元气上升。

功效：增强内气，充实元气，留清排浊，消除病毒，强壮体质。

观音降雨

三、童子滚球

功法：自然站立，两腿与两肩平。两手臂左右伸平，掌心向下成一字形。左右手臂屈肘各向胸前，左手掌心向上，右手掌心向下，两手十指松开，掌心成凹形，意念想象似抱一个篮球，先向左转腰，再转腰向右，向右转腰时，各翻转互换掌式，左掌心向下，右掌心向上，共九次。

功理：转腰进程中，使带脉与任督二脉及冲脉之间内气互换，贯穿流动，气行则血行，气为血帅，血为气母，加速血液循环运行，排除体内淤积的代谢产物和毒素。

功效：对腰痛、腰酸、腰肌劳损、肾亏腰痛等可缓解及康复。

童子滚球

纯阳穿云

四、纯阳穿云

功法：自然站立伸展左手臂成平行，掌心向下，同时右手臂向右前方略微伸直。左腿向左后侧伸，脚趾点地。鼻吸收腹。略停即左右手内收放于"丹田"部位，继之，左手臂向左前方略斜伸展，右手臂向右伸成平行。同时右腿向右后方伸，脚趾点地。收回时呼气。共九次。

功理：使内气按经络运行，肢体关节加强活动，肌肉放松。

功效：对肩周炎、腰肌劳损、坐骨神经痛可缓解及康复。

五、济公观天

功法：自然站立，自然呼吸，意想以颈为笔，书写一个"果"字，以颈运笔，先竖、后横、折、横、横、横、竖、撇、捺，共九笔，按九次转动头颈。

功理：按上下左右转动头颈，使血液循环有序进行，加强颈椎活动功能，防治颈椎病，帮助康复。

功效：有颈椎病者可减轻酸痛，直至康复。

六、哪吒闹海

功法：自然站立，自然呼吸。两手握拳，弯肘于体侧，似起跑式姿势，用劲前后冲刺式摆动，速度从慢到快，10秒钟。恢复自然站立。两手臂垂直于身体两侧，手掌心向后，摆动两手臂，前后摆动，用劲甩动。牵动臂部自然抖动，十秒钟。

功理：通过手臂有意识摆动，在能量消耗下，排除剩余脂肪，清除毒素。

功效：有助于缓解坐骨神经痛，并有减肥疗效。

七、嫦娥奔月

功法：自然站立，自然呼吸。两手臂前伸，两劳宫穴相对。两手掌往下翻转，成大拇指向下，两手掌心各向外。右手向上与左手十指交叉相握，往胸前向内将两手往外翻。反复内外翻转九次，然后左手向上与右手十指交叉相握，同样

济公观天

哪吒闹海

内外翻转九次。

功理：通过关节顺逆翻转运动，平衡气血运行，排除内在淤血，加速新陈代谢。

功效：指、腕、肘、肩各关节部位充分达到气血畅通。灵活关节，延缓老化，肩周炎、网球肘可康复。

八、悟空站桩

功法：自然站立，鼻吸鼻呼。两腿分开站立与两肩平。马步式，两手臂从身体两侧向前缓缓扬起，放松双肩（不用劲），十指松开，掌心微凹。两手臂扬起成水平时，微屈肘。45度角开始扳动手指，从大拇指、食指、中指、无名指、小指依次往下扳动，每指扳动停留2秒，再依次扳动，共计九次。

功理：按中医经络学说，大拇指通肺经（手太阴）

中指通心包经（手厥阴）
食指通大肠经（手阳明）
无名指通三焦经（手少阳）
小指通心、小肠（手太阳）

功效：调整阴阳平衡，疏通气血运行，延年益寿

嫦娥奔月

悟空站桩

收功：自然站立，两手臂左右伸展成一字形，下蹲成马步时两手臂弯向胸前，掌心向上，从两侧似托起一个大球。至檀中穴时，两手臂放下恢复站立式，共计三次。

武当太极养生十三式（坐式练习法）

预备式：太极守丹田

动作：自然盘坐椅上自然坐式。左腿单盘、右腿单盘、双盘。（任选一种）

要求：舌顶上颚。意守丹田，两手掌放膝盖。

一、二道飞升

功法：两手掌各向左右伸展（收腹吸气），向上成一字形时，反转手掌向上，往左右，高低与二乳平。手掌呈鹰爪型。内收贴近胸前，沿膻中穴上行至天目穴（印堂穴）时。爪形变掌。各向左右两边分开（呼气）成一字形时，两手臂内收再成爪型。沿胸前上行过檀中、人中、承浆三穴上行。直至百会穴时。爪形再变掌心向上往左右两边分开。接第二式。

功理：督脉总领一身之阳经，任脉总领一身之阴经。任督二脉贯通，达阴平阳秘之目的。

功效：久练者可达留清排浊、抗老、祛病延年。

二、雷神降雨

功法：左手掌压在右手掌，同时翻转掌心。当左手掌压在右手掌时，各向左右分开。掌心向上，呈一字形时，上举各向百会穴。中指与中指对接在百会穴上。两手臂往胸前下落，各在腰间再左右上举至百会穴而下至腹部时接第三式。

功理：劳宫穴向上接受天气往下接受地气，与丹田气融合，培育精气神，排除病气。

功效：精气神旺盛，达抗老延年。

三、道童戏珠

功法：两手臂向左右伸展成一字形。各向胸前成抱球状，右手臂在上，左手掌朝上。

距离：右掌大拇指对准檀中穴。左手掌小拇指在中丹田气海穴之上。反转手掌，左手掌在上右手掌在下。劳宫穴左右相对。向右转腰九十度。反转手掌。腰向左转至极限时翻转手掌，左手背在上，右掌心向上（抱球状）。至胸前接第四式。

功理：突出掌心、劳宫穴相对。贯穿内气血液畅通，达阴阳平衡，祛病强身。

功效：延年益寿，长驻青春。

四、燕子穿云

功法：抱球式右手，翻转手掌心向上，往身后立掌向上从右边耳根向前推出，四指并拢成掌劈。同时左手从胸前内收，贴近右胸肌，大拇指藏于右手臂肋下。再以左手臂从右肋下抽出向左边右耳根向前推出。同时将右手掌内收，藏向左肋共两次。

功理：使外气内收储存于丹田，废气、浊气排出，增强丹田之气。

功效：和合阴阳，聚敛真气而延长衰老。

五、道姑观海

功法：将四式之左手臂内收，托住右手小臂，右手小臂成立掌五指分开。两目凝视右手掌心。左手从右小臂抽出，放于右手小臂内侧，向上成两手臂交叉状，右手向左边移动、转腰，右手掌托住左手小臂、右手臂向右边移动。复初式。来回三次。

功理：使两手臂移动交叉产生磁场，使人体磁场作用于意念导引，使体内增强免疫功能。

功效：加快对人体内病气、浊气、废气排除。增强真气，从而健康无疾。

六、白兔踏雪

功法：右手掌心向上，左手掌心向下，右手向上抬，左手向下压。成一上一下之姿势。上抬时以口为齐，下压时至腿为止。十指松开，自然放松。

功理：推动内气加速运行，外气从劳宫穴输入直达丹田。疏通经络运行。

功效：有益于气血畅通，强壮体魄。

七、悟空击鼓

功法：右手臂向后从身体右侧上举时握拳，拳心向上。伸出左手臂，托起手掌。略呈凹形，略弯肘。右拳重力击打左手掌心（有力）。内收至胸前。以右拳向前冲，伸出左手臂，右手臂再击打左手掌心，左手向前冲拳；两手臂各从身体左右两侧内收握拳放于体侧。两拳同时向前勇猛冲拳。

功理：培养阳气聚集于丹田，通过肺气宣降，内气外发，则勇猛无比。

功效：显示精气神之阳刚之气，系炼精化气炼气化神炼神还虚之实践。

八、嫦娥奔月

功法：两手臂伸向胸前，两手掌中指衔接，指尖顶指尖。向右腿膝关节上面往上拉伸至乳房，身体后仰，身体再前倾。两手掌翻转，掌心向外，再收向内，两手掌心向上。身体再后仰翻转掌心向外，再内收，共做三次。

功理：增强新陈代谢，无病保健，有病祛病，健康延年。

功效：以后天之气，促动先天之气，改善食欲，强身益寿。

九、霸王托天

功法：意念在举重，两手握拳在胸前提杠铃至胸，仰首望天，两手上举，放下。再右边及左边同样如前动作，共四次。

功理：气冲三关，阳关—玉枕关。命门—长强穴。阴关—百会穴、檀中穴、神阙穴。阴关三关一通，内气畅行无阻。

功效：阴阳三关皆通，生活正常有规律，返老还童，延年益寿。

十、玉兔望月

功法：两臂左右伸展分开，左手掌五指并拢，成爪形。手臂伸直，右手成掌，右手臂以弧形弯向左手臂。大拇指在左肘下。左手臂变掌、右手与左手成交叉形。右手臂向右前方伸展，左手变爪形，向左下方伸展。头向左转，目视左手爪形。再左手臂向右手臂交叉，左手变掌，向左前方伸展，右手变爪，向右下方伸展，头向右转。目视右手爪形。

功理：天与地为阴阳关系，手背为阳，掌心为阴，通过阳升阴降。调正阴阳平衡，留清排浊，解病延年。

功效：使肩臂手掌之气输向丹田。易于将内外之气，聚敛储存。达到精满气足神蕴。

十一、李广开弓

功法：右手臂变掌，左手掌心向左翻转，掌心向右。右手向上提起，握空心拳，弯肘，右拳背与左手掌离开一个拳头，左右手呈拉弓形状。右手臂向后拉到与肩平行。左手臂屈肘，空心拳变掌，左手手掌变空心拳，成拉弓姿态。左手向左拉，与左肩平行。

功理：增强手掌与手臂之间协调功能，以丹田之气集中于掌和手臂，使之内气充盈。

功效：使涌泉穴在地面震撼中内气升腾。上下贯通，更容易发挥内气迅速运行全身的功效。

十二、老君炼丹

功法：两臂在胸前曲肘。两手掌劳宫穴相对成抱球状。两手臂各向左右分开，成开合。开时两手掌各向左右拉开。从小幅度到大幅度。各拉开三次，一开一合为一次。

功理：命门穴亏则百病生，命门充盈百病无。气通三关。即：阳关是玉枕穴、命门穴和长强穴。阴关是百会穴、檀中穴、神阙穴。阴阳三关一通，内气充盈无阻。

功效：劳宫穴气感是最强大的。一开一合内气即产生。祛除病毒，身体无病而健康。

十三、八仙过海

功法：左手握拳，右手掌压在左拳心上。右手掌往左拳心下面穿插再往拳心上往内抽出。再从拳心上穿过去。左手拳心藏在右手肘内，右手臂伸直向前穿直。右手向右边以弧形从右肘往上冲拳。左手掌藏于右肘，同时右脚跺脚。两手臂伸向胸前，双拳换掌屈肘内收，身体后仰，两手臂换掌向前推，收放三次。两手臂左右伸展成一字形，用手掌放于左右膝盖收功。

功理：屈肘内收前推，使小腹尽力吐气。再吸气储存在丹田，肺气下降，使胃气功能增强。此乃后天之气促动先天之气，涌泉穴通地气。手背与脚底阴阳相照，内柔外刚，心意相随，增补后天之气达健康长寿。

功效：劳宫穴上通天气，涌泉穴下通地气，任督二脉贯通，益寿延年。

第十三章

武当内家功法训练(下篇):下部行功法

陆国柱向解礼德传授武当内家功法

人体胚胎生长过程中眼睛作为人体器官的出现远早于大脑，这也是为何人体经络在肢体上部的汇聚点不是大脑而是眼睛的关键原因。而从人体发育过程来看，人体性器官的成熟也要晚于身体下肢的成长，而这也就成为人体经络汇聚最大的难点，即人体最重要的两大主经脉督脉（阳气）和任脉（阴气）在这一区域是断开的。《易筋经》上这样描述这一现象："督脉自上龈循顶行脊，下至尾闾；任脉自承浆循胸，下至会阴，两不相贯。"[1]

陆国柱向解礼德六段传授武当下部行功法

但《易筋经》同时也指出，"任、督二脉在母胎时，原自相通；出胎以来，饮食出入，隔其前后。"[2]因此，通过后天的锻炼，这两大主要经络完全可以恢复互通，从而使人体不仅在肢体上部的眼球区域达到阴阳平衡，同样也可以在肢体下部达到阴阳平衡，从而整体性提高人体阴阳二气的内循环，达到预防疾病，益寿延年之效。下部行功法正是这样一种养生导引方法。通过这一功法的练习，可以让人体"养精蓄锐"，打好"精、气、神"的基础，有助于预防肾虚体弱、遗精、早泄、阳痿等疾病，[3]同时对改善人体泌尿系统老化也

---

1 周伟良编著.易筋经.四珍本校释，人民体育出版社，2011.2，第一版.P99—100.
2 同上，P99.
3 马济人主编.实用中医气功学.上海科学技术出版社，1992.9，第一版.P314.

有相当帮助，可以预防或减轻中老年男性常见的前列腺炎症、泌尿困难等常见病症状。陆国柱大师将这一功法传授给我，考虑到中老年男性对这一功法的现实需求，现将这一功法也一并收录在本书中。遗憾的是，女性的相关武当养生功法朱诚德师祖并未传授给陆国柱大师，本人也无从了解，在此只能向女性读者说声抱歉了。

下部行功法

第一招　意守丹田

1. 身法站姿：两脚开立，与肩同宽或稍宽。
2. 呼吸方法：自然呼吸，眼睛微闭，思想入静，两臂自然松垂于身体两侧，松肩沉肘，心气下沉，上虚下实，气沉丹田，调匀呼吸，初习者可先采用自然呼吸，待达到一定程度再转换为腹式呼吸。

腹式呼吸法：吸气时，用鼻吸气入腹，此时神阙和命门部位鼓起，充实于气海（脐下丹田处），缓缓吸气，要求要细、长、匀、缓；然后口微张，缓缓吐出气来，吐气时仍要求细、长、匀、缓，此时神阙和命门部位缩回。

3. 手法：开始吸气时，两手从身体两侧向上缓缓画弧升起，过头顶后再合于百会穴上方，从身前沿任脉缓缓下降至丹田，左手在内，右手在外合于腹前。
4. 意念的配合：当吸气两手上合的同时，足趾腹抓地、提肛闭门、舌抵上颚，以意念导引，将气从会阴绕至身后的长强上至命门、顺脊而上至百会穴，使内气绵绵不断贯入百会穴内，然后吐气两手落下的同时，舌头抵上颚，口微张，全身放松，心气下沉，缓缓吐气后借由松沉而气沉丹田，同时以意念导引，使气从百会经印堂、人中下行唇下方的承浆开始沿着中线，垂直向下，经檀中、神阙下至气海（丹田），此为任脉的导引路径。提肛闭门的动作是为了让导引路径能顺利联通任脉到督脉而无阻断，舌抵上颚目的是为了联通督脉顺利通往任脉而为之，使任督二脉，打通链接，二脉气血循环，周流不息。

5. 练习次数：一呼一吸为一次，共需连续练习36次，始进行下一招式。（如果时间不允许，至少9次，以下同）

第二招　三咽行功

1. 身法站姿：两脚开立，与肩同宽或稍宽。
2. 呼吸方法：先吸清气一口，以意咽下，默送至胸；再吸气一口，送至脐间；又咽一口，送至下部行功处。
3. 手法：配合呼吸，开始吸气时，两手从身体两侧向上缓缓画弧升起，过头顶后再合于百会穴上方，从身前沿任脉先缓缓下降至膻中穴、后缓缓下降至丹田，最后双手下移至下部行功处。双手按揉会阴穴，然后轮换轻握睾丸，稍向内攒握，注意控制力量。一攒一松，双手各18次。
4. 意念的配合：当吸气两手上合的同时，足趾腹抓地、提肛闭门、舌抵上颚，以意念导引，将气从会阴绕至身后的长强上至命门、顺脊而上至百会穴，此时应用意念让百会穴打开，使内气绵绵不断贯入百会穴内，并引导内气顺身前任脉下行至膻中，用意念让膻中穴打开，使内气从膻中继续下行至丹田，再用意念让丹田穴打开，使内气继续下行至会阴穴，用意念让会阴穴打开，使内气下行至睾丸和阴茎，意念感受睾丸和阴茎被照亮。

第三招　双龙戏珠

1. 身法站姿：两脚开立，与肩同宽或稍宽。
2. 呼吸方法：先吸清气一口，以意咽下，默送至胸；再吸气一口，送至脐间；又咽一口，送至下部行功处。
3. 手法：配合呼吸，双手轮换轻拍、搓揉睾丸。双手各拍18次，双手一起搓动睾丸36次。

4. 意念的配合：用意念让会阴穴打开，使内气包覆睾丸和阴茎，意念感受睾丸被照亮，发出银白色光。

第四招　悟空擎柱

1. 身法站姿：两脚开立，与肩同宽或稍宽。

2. 呼吸方法：先吸清气一口，以意咽下，默送至胸；再吸气一口，送至脐间；又咽一口，送至下部行功处。

3. 手法：配合呼吸，双手轮换牵、握阴茎各18次，力量由轻到重、由松到紧，由微微不适到渐渐安适。然后两手食指、中指分别捻动阴茎根部两条精索，用力各捻18次。

4. 意念的配合：用意念让会阴穴打开，使内气包覆睾丸和阴茎，意念感受睾丸被照亮，发出银白色光。

第五招　玉象甩鼻

1. 身法站姿：两脚开立，膝盖微弯，与肩同宽或稍宽。

2. 呼吸方法：先吸清气一口，以意咽下，默送至胸；再吸气一口，送至脐间；又咽一口，送至下部行功处。

3. 身法手法：双手叉腰，四指抵住后腰肾脏部位，以腰胯做向上弧形运动，将睾丸和阴茎轻轻向上甩起36次。

4. 意念的配合：用意念让命门穴、会阴穴打开，使内气包覆睾丸和阴茎，意念感受睾丸被照亮，发出银白色光。

第六招　左右转膝

1. 身法站姿：两脚开立，膝盖微弯，与肩同宽或稍宽。

2. 呼吸方法：先吸清气一口，以意咽下，默送至胸；再吸气一口，送至脐间；又咽一口，送至下部行功处。

3. 身法手法：双手叉腰，四指抵住后腰肾脏部位，两膝微弯，先向左旋转18次，再向右旋转18次，带动睾丸和阴茎做左旋和右旋。

4. 意念的配合：用意念让会阴穴打开，使内气包覆睾丸和阴茎，意念感受睾丸和阴茎被照亮，发出银白色光。

第七招　收势

1. 身法站姿：两脚开立，与肩同宽或稍宽。
2. 手法：吸气，两手从身体两侧向上缓缓画弧升起，过头顶后再合于百会穴上方，从身前沿任脉缓缓下降至丹田，左手在内，右手在外合于腹前。
3. 意念的配合：将外放内气从百会穴收回体内，沉于丹田，关闭全身所有穴位。

解礼德弟子历年获奖情况

2015年

何登田获第八届焦作国际太极拳年会交流大赛太极拳金牌、太极单剑金牌。

何登田获首届国际太极拳网络视频大赛太极单剑一等奖、最美太极人。

何登田获全国武术太极拳公开赛（温县站）太极单剑金牌。

太极拳传承人联合会授予何登田太极拳"高级拳师"。

周桐获全国武术太极拳公开赛（温县站）太极拳、太极单剑银牌。

黄振隆获全国武术太极拳公开赛（温县站）太极单剑银牌。

刘更获全国武术太极拳公开赛（温县站）太极拳银牌、太极单剑铜牌。

董玲芝获全国武术太极拳公开赛（温县站）太极拳银牌、太极单剑铜牌。

2016年

何登田获第三届尊古太极精英赛太极拳金牌。

何登田获第二届国际太极拳网络视频大赛太极拳一等奖、太极剑一等奖、连续两届蝉联最美太极人。

何登田获第七届中国陈家沟太极精英赛太极拳金牌、太极剑金牌。

何登田获第十一届中国郑州国际少林武术节太极剑金牌。

2017年

何登田获中国陈家沟太极拳家乡赛第一分季赛太极剑金牌。

何登田获中国陈家沟太极拳家乡赛第二分季赛太极拳金牌、太极剑金牌。

何登田获第九届焦作国际太极拳年会交流大赛太极拳金牌。

何登田获第三届国际太极拳网络视频大赛太极拳一等奖、太极剑一等奖、优秀传播奖、连续三届蝉联最美太极人。

何登田获首届中国陈家沟太极拳家乡赛总决赛太极剑金牌、同时被授予优秀组织奖。

何登田获第四届尊古太极精英赛太极剑金牌、同时被授予太极名人名家称号、太极传播使者、优秀组织奖。

何登田获第七届世界传统武术锦标赛太极拳金牌、太极剑金牌。

高婉英获第15届香港国际武术节陈式太极拳金牌。

马剑平获第15届香港国际武术节陈式太极拳银牌、八段锦金牌、春秋大刀银牌。

2018年

陈榕获中国第二届承德太极拳精英大赛陈式太极拳一等奖、陈式太极剑一等奖。

朱晓莲获中国第二届承德太极拳精英大赛陈式太极拳一等奖。

司玉成获中国第二届承德太极拳精英大赛陈式太极一等奖。

周云霞获中国第二届承德太极拳精英大赛陈式太极拳二等奖。

吴爱珍获中国第二届承德太极拳精英大赛陈式太极拳二等奖。

向丽获中国第二届承德太极拳精英大赛陈式太极拳二等奖。

陈榕，朱晓莲，周云霞，向丽，吴爱珍获中国第二届承德太极拳精英大赛陈式太极拳一等奖。

曹应获中国第二届承德太极拳精英大赛最佳组织奖。

陈榕获"怀山堂杯"第四届视频大赛陈式太极剑一等奖、最美太极人称号、最佳人气奖。

向丽获"怀山堂杯"第四届视频大赛陈式太极二等奖、最美太极人称号、最佳人气奖。

葛红获"怀山堂杯"第四届视频大赛陈式太极单刀一等奖、最佳展播奖。

陈榕获2018第三届三亚国际武术节陈式太极拳一等奖、太极剑一等奖、太极单刀一等奖。

李国静获2018第三届三亚国际武术节陈式太极剑一等奖。

陈莹获上海市业余联赛"精武杯"第十六届传统武术太极拳一等奖晋升中国武术三段。

何登田通过中国自由搏击协会裁判员培训考试，被授予自由搏击一级裁判员。

何登田通过中国武术散打协会裁判员培训考试，被授予武术散打一级裁判员。

何登田获中国太极拳联合会考评合格，被授予陈式太极拳六段称号。

何登田通过中国太极拳联合会裁判员培训考试，被授予陈式太极拳一级裁判员。

何登田通过中国太极拳联合会社会指导员培训考核，被授予陈式太极拳一级社会指导员。

2019年

陈榕获"平凡杯"香港国际武术节陈式太极拳一等奖、陈式太极剑一等奖、陈式太极扇一等奖、陈式太极单刀一等奖。

李国静获"平凡杯"香港国际武术节陈式太极拳一等奖、陈式太极剑一等奖、陈式太极扇一等奖、陈式太极单刀一等奖、陈式太极枪一等奖。

向丽获"平凡杯"香港国际武术节陈式太极拳一等奖、陈式太极剑一等奖、陈式太极扇一等奖。

陈莹获"平凡杯"香港国际武术节陈式太极拳二等奖、陈式太极剑一等奖、武当太极拳一等奖。

于国美获"平凡杯"香港国际武术节陈式太极剑二等奖、吴氏太极拳二等奖。

高婉英获"平凡杯"香港国际武术节陈式太极拳一等奖、五禽戏一等奖、八段锦一等奖。

葛红获"掰手杯"第五届国际太极拳视频大赛集体一等奖、最佳人气奖、太极剑一等奖。

高婉英获"掰手杯"第五届国际太极拳视频大赛陈式太极拳一等奖、最佳人气奖。

葛红获温县"王庭杯"传统太极拳"尊古"精英赛陈式太极拳一等奖。

葛红获"大拳师"杯太极（八法五步）视频大赛二等奖、最佳人气奖。

于国美获中国承德第三届全国太极拳精英大赛陈式太极拳一等奖、陈式太极剑二等奖。

陈莹获中国承德第三届全国太极拳精英大赛陈式太极拳特等奖、陈式太极剑一等奖。

钱德珍获中国承德第三届全国太极拳精英大赛陈式太极拳特等奖、陈式太极剑特等奖。

秦风来获中国承德第三届全国太极拳精英大赛陈式太极拳一等奖、陈式太极剑特等奖。

高婉英在"渊源陈家沟薪火相传"——当代太极拳传承贡献代表人物评选活动中获得星火燎原奖。

陈榕在"渊源陈家沟薪火相传"——当代太极拳传承贡献代表人物评选活动中获得星火燎原奖。

陈莹获第十届中国焦作国际太极拳交流大会优秀教练员称号。

陈榕获第十届中国焦作国际太极拳交流大会优秀教练员称号。

葛虹获全国太极拳公开赛（上海赛区）太极拳个人项目二等奖。

何登田率弟子13人参加全国太极拳公开赛（上海赛区）比赛，获太极拳集体项目一等奖。

何登田获第十届中国.焦作国际太极拳交流大赛太极拳金牌、太极剑金牌。

何登田通过中国武术协会考评，被授予中国武术五段段位证书。

由陈家沟陈氏家族理事会、陈家沟村民委员会、《盛世太极》平台联合主办的"渊源陈家沟'薪火相传'——当代太极拳'传承贡献'代表人物评选活动"中，何登田获"声名远播人物"奖。

马剑平获第17届香港国际武术节通背拳金牌、气功养生五禽戏银牌。

后 记

　　《礼德道太极》一书即将付梓之际，突发的新冠肺炎病毒猛然间几乎让全球所有国家和地区变成了疫区。在多变的瘟疫病毒面前，生命是脆弱的，财富、权力、名望都不足恃。年轻人被迫居家办公，孩子们也只得盯着家中电脑居家上学，有的还熬红了眼睛。老年人更成为病毒的易感人群，不得不在担忧、惶恐中度日。

　　相信本轮疫情过去后，更多人会意识到自身免疫能力强弱的重要性，更愿意每天拿出10分钟来善待自己的身体。也希望《礼德道太极》这本书能成为读者进入中华养生宝库的铺路石，让5000年中华养生智慧能早日重新成为国人的生活常识、护身利器。

　　非常感谢文汇出版社的大力支持，让《礼德道太极》一书能有幸出版，尤其要感谢的是：文汇出版社的副总编辑张衍在本书出版过程中给予的悉心指导和帮助，感谢精武会前宣传部长钱承飞的热心奔走联络，牵线搭桥。此外，我也非常感谢弟子何登田、张铭、蔡毅、刘羽鸿、罗友裕、李文胜、王江雁、杨玉明、沈小栋在书籍出版过程中的全力付出，感谢弟子陈柏荣为书籍封面设计提供创意，感谢弟子翟若澍、再传弟子袁文艺在书籍内页设计、配图摄影中的默默付出。感谢好友武术老师李世峰为本书配图提供多方帮助。特别是恩师陆国柱不顾高龄，为本书手写序言，让我深感荣幸。

　　三年来，还有许多朋友在默默支持本书的撰写和出版工作，他们不断提出中肯的意见和建议，我的师兄庆州武院院长陈友华，好友太极网总裁刘洪奇、太极网总编李超等都在百忙之中特地抽出时间，为本书撰写了推荐辞。让这本书能有幸得到更多读者的欣赏和关注。对所有为本书出版工作付出宝贵时间和精力的朋友们，我也衷心祝愿你们身体健康，生活美满幸福！

  太极文化博大精深，仁者见仁，智者见智，本书中的观点主要来自本人习武多年的一些个人体悟和管窥之见，愿做读者登高揽胜之一助。当然，本书难免存在不足和错漏之处，生也有涯，太极之道无涯，青蓝冰水，则寄愿于将来之著者。

解礼德

2020年3月9日

附 录

陈式太极祖师传承谱系

陈式太极创始人：陈王廷
陈式太极第二代传承人：陈汝信
陈式太极第三代传承人：陈大鹏
陈式太极第四代传承人：陈善志
陈式太极第五代传承人：陈秉旺
陈式太极第六代传承人：陈长兴
陈式太极第七代传承人：陈耕耘
陈式太极第八代传承人：陈延熙
陈式太极第九代传承人：陈发科
陈式太极第十代传承人：陈照丕
陈式太极第十一代传承人：陈庆州
陈式太极第十二代传承人：解礼德

陈式太极第十二代传承人解礼德之弟子
陈式太极第十三代传承人名单

A

安东尼朝

C

陈榕、曹水德、曹鹰、陈柏荣、陈民峰、陈浅语、陈嵘、陈晓蕾、陈晓乐、陈云、陈军、陈莹、蔡毅、成树新

D

董玲芝

F

傅珊、费群

G

高鹏飞、高婉英、葛红、顾敏敏、顾锡刚、顾晓蕾

H

何登田、何流、洪肇昆、洪肇钟、黄华恩、黄磊、黄雄壮、黄翼忠、黄振隆、韩平

J

江志斌、蒋凤珍、蒋颖、金晓绮

K

柯凯文

L

李国静、李宁、李叔僅、李文胜、李现民、李晨、龙谭、刘更、刘波、刘火金、刘羽鸿、陆永明、罗友裕、罗瑛、陆萍

M

马剑平、闵婕、明霞

N

牛建华

P

彭宗英

Q

钱德珍、秦凤来

S

邵蓉、沈建英、沈伟、沈小栋、施玲、司玉成、宋新淦、孙坚、孙慧、苏永华、苏潇

T

汤国樑、汤潆、陶海根

W

汪必义、王程、王颉、王彦菲、王燕、王江雁、吴昕、吴爱

珍、吴静、万宗梅

X

向丽、肖璟、肖珸、谢为群、谢青、解明翰、邢莹、许欲昔

Y

严维萍、严春燕、杨晓梅、杨玉明、杨欢欢、杨君武、叶成宇、尹丹羚、俞李伟、袁炯、于国美

Z

张昌存、张道善、张海英、张佳、张铭、张配成、张时玮、张雁嫣、张希梦、周桐、周雄辉、周云霞、朱晓莲、左沁莹、翟若澍

附 录

参考书目

陈庆州著.陈氏太极拳功夫荟萃.中华书局，2002.3，第一版。
乔熛、刘荣淦著.精功陈式太极拳.北京体育大学出版社，1990.10，第一版。
杰弗里·韦斯特.规模——复杂世界的简单法则.中信出版集团，2018.6，第一版。
马烈光.黄帝内经九讲精要.化学工业出版社，2016.10，第一版。
南怀瑾.中国文化泛言.复旦大学出版社，2006.5，第二版。
孙叔平.中国哲学史稿.上海人民出版社，1980.8，第一版。
任宪宝.周易.吉林文史出版社，2016.8，第一版。
周士一、潘启明著.周易参同契新探.湖南人民出版社，1981.9，第一版。
罗伯特·施莱普、约翰娜·拜尔.筋膜健身.北京科学技术出版社，2017.8，第一版。
荒川裕志著.拉伸全书.人民邮电出版社，2015.6，第一版。
赵萌编著.头部足部穴道按摩方法.天津科学技术出版社，2017.8，第一版。
马济人主编.实用中医气功学.上海科学技术出版社，1992.9，第一版。
周伟良编著.易筋经.四珍本校释，人民体育出版社，2011.2，第一版。
《哈佛脑科学家：学习不好，情绪低落，比吃药更管用的方法是……》,参阅《文汇网》2018.11.6。

https://wenhui.whb.cn/third/jinri/201811/06/222528.html?tt_from=weixin&tt_group_id=6620627948535824910。

《美媒:美研究人员发现练太极可缓解抑郁症》,参阅参考消息网2017.5.28。

http://www.cankaoxiaoxi.com/science/20170528/2056247.shtml

《全民健身指南》解读:国家体育总局官网2017.8.14。

http://www.sport.gov.cn/n317/n10506/c819331/content.html.

《呼吸方法不对竟然伤身体 如何练习腹式呼吸》,参阅人民网2018.2.21。

http://www.yn.xinhuanet.com/health/2018-02/21/c_136988545.htm.

《打太极可有效缓解慢性疼痛》,参阅新华社2018.6.29。

http://www.legaldaily.com.cn/health/content/2018-06/29/content_7582131.htm?node=87895.